STOP

INTERNATIONAL

SACKING

INTERNATIONAL

SHOAH

Vittorio Di Iorio

ISBN 978-1-326-70005-8
Prima edizione agosto 2016

UN SALUTO DI SOLIDARIETÀ
AGLI EMIGRANTI

Troppi di voi muoiono mentre inseguono sogni di vita. La ricorrente notizia mi rattrista sempre più e mi fa piangere, perché troppe volte si tratta di morti di massa.

Molti altri vengono riportati nei loro paesi di origine. So che in quel momento maledite l'Italia. L'avrei fatto anch'io se i due poliziotti addetti al Controllo dell'Immigrazione sul battello per Dover mi avessero impedito di raggiungere Londra.

Vi chiedo perdono per questa violenza che vi viene inferta e che distrugge ogni vostra speranza di vita.

Tanti nostri emigranti hanno sofferto molte delle vostre umiliazioni.

I nostri nonni in America venivano chiamati WOP, acronimo di *without official permission.*

In Europa, per alcuni eravamo dei "macaronì", per altri "spaghettifresser" che vuol dire la stessa cosa, cambia soltanto il tipo di pasta.

In Nord Italia e in tutta Europa i cartelli "non si affitta ai meridionali" li ho visti anch'io.

In Europa non ci volevano nemmeno nelle trattorie e nei bar, e ce lo dicevano chiaramente con cartelli che ci accomunavano ai cani.

Per offendervi non sanno più che termini inventare.

I sacrifici che fate, quando vi permettono di restare, servono più al futuro dei vostri figli e nipoti che a voi.

Ciò nonostante, non mollate perché un giorno, se non voi, di certo molti vostri discendenti si affermeranno e saranno ricchi, perché ricco – di quella ricchezza che gratifica – lo diventa chi parte da zero.

Molti saranno medici, ingegneri e tanti altri occuperanno posizioni di prestigio. E verrà anche replicata la favola di Barak Obama.

Non demoralizzatevi, non avvilitevi, non mollate perché la Storia è dalla vostra parte.

Avendo fatto il contadino in Francia, il cameriere in Germania, il cuoco e il maggiordomo in Inghilterra, comprendo le vostre pene e sento nel mio cuore un forte desiderio di esprimervi la mia più sincera e incondizionata solidarietà.

Patria est ubicumque est bene.
La patria è ovunque si sta bene.

4

Prefazione

La caduta del muro di Berlino decretò la vittoria del capitalismo sul comunismo.

Il capitalismo usciva vittorioso da detta contrapposizione avendo dimostrato sul terreno di gioco di essere il sistema capace di favorire uno sviluppo socio-economico e uno standard di benessere indispensabili a ogni comunità umana per la conquista e la difesa dei valori inalienabili dell'uomo riportati nella Carta ONU.

Poi, un saccheggio su scala mondiale – pilotato dalla finanza con l'omertà della classe politica corrotta e ricattabile – l'ha portato alla morte.

L'ultima idea dei salvatori della patria – provocatoria in quanto perfidamente studiata per dare in pasto altro denaro pubblico alle iene mai sazie – messa in giro dai vari media è stata di far stampare altra moneta da regalare, in parte, ai poveri e ai disoccupati, per creare quella domanda di beni e servizi indispensabili per far ripartire l'economia.

Perché le misure messe in atto fino a oggi non hanno sortito i risultati sperati.

Mario Draghi, Presidente della BCE (Banca Centrale Europea) cerca disperatamente di resuscitare l'inflazione per salvare l'euro e il Sogno europeo. Fa tutto ciò che può spingendosi anche un po' oltre i limiti presenti nel suo mandato.

E va lodato. Perché senza la sua intelligenza e i suoi azzardi l'euro e il Sogno europeo sarebbero già stati spazzati via dalla crisi economica tutt'ora in atto e dalle iene dei mercati finanziari.

Vuole l'inflazione perché essa è un bene se non supera certi limiti. Il famoso circa due per cento. E ciò perché essa segnala che è in atto un sano sviluppo economico.

Se va oltre determinati limiti è un male serio.

La Germania l'ha sperimentato con la repubblica di Weimar che favorì l'ascesa al potere di Adolf Hitler. Perciò su questo punto non transige. E fa bene. Perché ha ragione.

Per uscire dalla crisi serve ben altro, però. In primo luogo ingenti risorse finanziarie di cui i governi necessitano come l'aria.

In questo libro riporto la mia analisi dei problemi più rilevanti che hanno creato lo sfascio planetario e le mie idee su cosa occorre fare per risolverli e ritornare tutti alla vita.

Sono tanti i capitoli in cui supplico i potenti del mondo – in special modo i leader di tutte le grandi religioni, della finanza e della politica – perché aprano i loro cuori al Dio di Abramo e trovino, senza condizionamenti di alcun genere, una soluzione ai problemi dell'umanità che i loro avi, a partire dalla notte dei tempi, hanno sempre più ingigantito e che ogni generazione si trova incolpevolmente a ereditare.

Diamo qui di seguito una raffigurazione dei paesi membri del G20 affinché ci si possa rendere conto di quanto assurda sia la situazione che stiamo vivendo a livello mondiale definita, a ragione, da papa Francesco, la terza guerra mondiale. Da un lato immense risorse intatte in tante aree del nostro pianeta praticamente disabitate e dall'altro lo stupido egoismo degli uomini che ha permesso alla crisi economica di generare tante forme di ferocia del tutto incomprensibili e in stridente contrasto con l'obiettiva realtà.

PAESI MEMBRI DEL G20

Città del Vaticano: km^2 0,44; abitanti meno di 1000.

Unione europea: km^2 4 milioni 320 mila; abitanti 503 milioni 700 mila.
Presidente della Commissione Europea, Jean-Claude Junker: non scenda a compromessi. Tutte le tragedie più grandi della storia sono state il seguito di compromessi sbagliati.
Presidente del Consiglio europeo, Donald Tusk: nell'esercizio delle sue funzioni la prego di tener presente che i paesi PIGS sono inaffidabili, stupidamente vanitosi di un passato che continua a tenerli bloccati e intossicati da beveroni con cui sono stati alimentati i loro avi. I loro nemici sono quindi la Magna Grecia e Marx.
Dia ascolto ai paesi virtuosi.
Se l'America rispettosa della Carta ONU e ricca sono gli USA mentre nel Sud America si muore di fame, ci sarà pure un motivo.

Italia: Km^2 300 mila; abitanti 60 milioni.

I problemi del nostro Paese iniziano nel 1861 con la proclamazione del Regno d'Italia unitario.

Dopo questa data non è stato fatto niente per *fare gli italiani*, per affermare il senso dello Stato e per difendere e migliorare ciò che la Casa Savoia aveva trovato.

Canada: km^2 10 milioni; abitanti 35 milioni, trentatré volte più grande dell'Italia.

Questo Paese non appartiene a Dio e al suo popolo. Non c'è nemmeno un buco per gli ultimi del mondo.

Brasile: Km^2 8 milioni e 500 mila; abitanti 200 milioni.

Oltre 28 volte più grande dell'Italia.

Saremmo già contenti se ponessero fine alle sofferenze del loro popolo di Dio.

Russia: km^2 17 milioni; abitanti 143 milioni.

Oltre 56 volte più grande dell'Italia.

Che senso ha voler annettere l'Ucraina. Cari russi, fatevi spiegare dai costituzionalisti italiani come è stato regolato in Italia il problema del Sud Tirolo.

Preghiamo il patriarca di Mosca Vladimir Kririll di chiedere al Dio di Abramo di resuscitare l'anima di Putin affinché faccia la pace e collabori alla soluzione dei problemi del nostro Continente.

India: Km^2 3,3 milioni; abitanti 1 miliardo e 237 milioni.

Le religioni le ha tutte e in più ha le caste. Povera India!

Se volete saperne di più chiedete a Massimiliano Latorre e a Salvatore Girone.

Cina: km^2 9,6 milioni; abitanti 1 miliardo e 385 milioni.

Ma perché ripetete i nostri errori?

Popolo di Dio attenzione: alcuni vostri capi sono già oggetto di ricatto da parte delle iene di Wall Street e della City londinese.

Con i loro giochi vi ridurranno alla fame.

Noi li abbiamo sperimentati tutti: valore borsistico folle di tutte le società recanti la scritta Internet, finanza creativa, i non performing loans ecc.

Se volete saperne di più chiedete all'amico di Renzi Davide Serra.

Australia: km^2 7 milioni e 700 mila; abitanti 23 milioni circa, 26 volte più grande dell'Italia.

Stati Uniti: km^2 9 milioni e 400 mila; abitanti 322 milioni, oltre 31 volte più grande dell'Italia.

Su Donald Trump mi sono espresso nell'altro mio libro *One way correspondence*...

Arabia Saudita: km^2 2 milioni; abitanti 28 milioni, circa 7 volte più grande dell'Italia.

Siamo curiosi di sapere perché odiate gli ebrei e Israele. E così pure perché odiate gli sciiti.

Vi ringraziamo molto se trovate il tempo di spiegarcelo.

Argentina: km^2 2 milioni e 800 mila; abitanti 41 milioni. Hanno fatto la guerra alla regina Elisabetta II per annettere le isole Falkland. Non ci resta che ridere. Come vedete i pazzi non sono stati soltanto Saddam Hussein e Gheddafi, sicuri di vincere contro gli Stati Uniti, ma anche questa emanazione PIG. Essendo troppo piccola non hanno un buco per il popolo di Dio.

Corea del Sud: km^2 98 mila; abitanti 49 milioni.

Indonesia: km^2 1 milione 900 mila; abitanti 247 milioni, oltre sei volte l'Italia.

Regno Unito: km^2 245 mila; abitanti 63 milioni.
Speriamo che vincano i no e che la Gran Bretagna continui a far parte dell'Europa.
Caro David Cameron, io non ho capito perché lei ha indetto il referendum su *Brexit sì Brexit no*. Faccia attenzione agli scozzesi. L'imperatore Adriano avendoli provocati fu poi costretto, per difendersi, a erigere il Vallo. È gente seria e concreta e non se ne fanno un vanto. Quando si dice la serietà!
Almeno il novanta per cento della popolazione dei paesi più sviluppati o è totalmente ignorante o è affetta da ignoranza funzionale, ossia l'incapacità di comprendere appieno come vanno le cose del mondo e di far rispettare i propri diritti.
Pertanto a me è sembrata una decisione avventata, oserei dire sciocca, effettuare un referendum di tale natura.
Non credo assolutamente che sir Winston Churchill avrebbe rinunciato – costi quel che costi – a combattere e sconfiggere le forze del male dell'Asse.

Turchia: km^2 780 mila; abitanti 74 milioni.
Caro Erdogan, per quattro sporchi voti sta rinnegando Ataturk, quando persino papa Francesco dice che è meglio una costituzione laica.

Germania: km^2 357 mila, poco più grande dell'Italia; abitanti 83 milioni.
Cara Angela lei è sola ma ce la farà. Malgrado i tanti problemi che le creano i masanielli e i battitori da quattro soldi, vedo dal suo splendido volto sereno che lei riesce a dormire perché il Dio di Abramo è con lei.

Francia: km^2 547 mila, quasi due volte l'Italia; abitanti 67 milioni.

Caro Hollande, non fosse altro per rispetto alla sua Patria, faro più luminoso delle lotte fatte per la libertà, per l'eguaglianza e per la fratellanza, la prego di mettere in atto tutte le misure per integrare con i fatti e non a parole tutti i cittadini francesi di origine extracomunitaria, non importa di quale generazione. Altrimenti succede poi ciò di cui tanto vi stupite. Che questi poveri cristi senza motivazioni e un progetto di vita partono e vanno ad arruolarsi nell'ISIS. E smettetela di bombardare assieme ad altri che serve a niente, se non a peggiorare ulteriormente la già drammatica situazione.

Israele: km^2 20.770, poco più di una quattordicesima parte dell'Italia; 7 milioni di abitanti.

Sono certo che presto farete la pace con i Palestinesi, con l'Egitto e con l'Arabia Saudita. Avrete talmente tanta terra che erigerete la Abramo city per accogliere le vittime di tutti i genocidi del passato e di quelli che in futuro venissero minacciati.

Egitto: km^2 1 milione, oltre 33 volte l'Italia; 82 milioni di abitanti.

Egregio presidente Adb Al-Fattah al-Sisi sono convinto che lei è stato informato a cose fatte.

Avendo studiato la STORIA so che i gerarchi di Mussolini e di Hitler facevano a gara per superare in quanto a follie e nefandezze i loro Mefistofele. E molte volte a loro insaputa.

Ignori quello che scrivono e dicono in Italia. Gente in malafede che colpendo lei sta contribuendo a sfasciare l'economia di un Paese amico con sofferenze per il popolo di Abramo.

Se si vuole divertire, faccia chiedere a Renzi, tramite il suo ambasciatore, chi sono gli autori dei seguenti atti terroristici:

- bomba esplosa al padiglione Fiat della fiera di Milano il 25 aprile del 1969;
- strage di piazza Fontana. Il 12 dicembre 1969 una bomba esplode a Milano provocando 17 vittime;
- strage di Gioia Tauro. Il 22 luglio 1970, una bomba fa deragliare un treno uccidendo 6 persone;
- strage di Peteano. Il 31 maggio 1972 una bomba esplode uccidendo 3 carabinieri;
- strage della questura di Milano. Il 17 maggio 1973: un attentato provoca 4 morti e 52 feriti. Hanno incolpato l'anarchico Gianfranco Bertoli ma solo Dio sa chi veramente è stato;
- strage di piazza della Loggia 28 maggio 1974. Una bomba esplode a Brescia uccidendo 8 persone;
- strage dell'Italicus. Il 4 agosto 1974 una bomba esplode sul treno Italicus provocando 12 morti e 48 feriti;
- strage di via Fani. Il 16 marzo del 1978 nel corso del rapimento di Aldo Moro 5 uomini della sua scorta vengono uccisi. Lo statista sarà poi ucciso circa un anno dopo, il 9 maggio del 1978;
- strage di Bologna. Il 2 agosto 1980 un ordigno esplode nella stazione di Bologna Centrale uccidendo 85 persone e ferendone oltre 200.

Per evitare di tediarla non continuo con il terrorismo in Alto Adige, il terrorismo politico in Sardegna e il terrorismo degli ultimi 20 anni.

Se lei per far felice papa Francesco ha deciso di dotare il suo Paese di una costituzione laica non molli e vada avanti.

Le consiglio di non ammazzare il popolo di Dio e chieda perdono alla famiglia di Regeni.

Come lei certamente sa, la differenza tra le dittature e certe false democrazie è la seguente: con le dittature non puoi parlare perché ti ammazzano, con le false democrazie parli, parli ma nessuno ti ascolta se vuoi difendere i diritti del popolo di Dio.

La conseguenza è che il popolo di Dio di suddette democrazie non sta affatto meglio del popolo di Dio del suo Paese.

Lasci i suoi sudditi gridare al Dio di Abramo la loro rabbia, per le sofferenze, le umiliazioni patite ogni giorno.

Li lasci liberi.

Non le faranno alcun male se lei parlerà loro con il cuore.

Iran: km^2 1 milione 600 mila, oltre 5 volte l'Italia; 78 milioni di abitanti.

Non si può che rivolgere anche a voi le domande poste all'Arabia Saudita. È evidente che per voi è il turno dei sunniti.

Iraq: km^2 437 mila circa una volta e mezza l'Italia; abitanti 35 milioni.

Forze politiche e forze militari impegnate, non scoraggiatevi per il fatto che non siete ancora riusciti a far convivere in pace sunniti e sciiti.

I problemi sono gli stessi che l'Europa ha sperimentato e tutt'ora sussistono in Belgio, in Irlanda e in tanti altri paesi.

Investite pesantemente in scuole, fabbriche e ospedali e attendete che sia fatta la volontà del Dio di Abramo.

In Italia c'è il proverbio: *con il tempo e con la paglia si maturano le nespole.*

Libia: km^2 1 milione e 800 mila, sei volte l'Italia; abitanti 6 milioni.

Lo so che era meglio quando c'era Gheddafi. Ma queste sono le lezioni della STORIA che i responsabili delle sorti del mondo dovrebbero conoscere.

Afghanistan: km^2 647 mila, oltre due volte l'Italia; 31 milioni di abitanti.
Chiediamo al popolo di Dio di questo Paese, fiero e combattivo, di perdonare gli USA e i suoi alleati per un intervento armato che è fallito. Perché, non avendo la sua classe politica studiato la STORIA, ignoravano cosa è capitato all'Unione Sovietica. Altrimenti avrebbero investito un cumulo enorme di denaro in scuole, fabbriche e ospedali.

Stato di Palestina: km^2 6.220, una cinquantesima parte dell'Italia; abitanti 12 milioni.
Lasciate perdere i vostri falsi amici.
Fate la pace con i vostri fratelli ebrei.
Ricordate che a sterminarli tutti ci rimette l'umanità.
Loro, appena li uccidete, vanno subito in paradiso.
Perché sono il popolo di Dio e se il Dio di Abramo è con loro chi può essere contro di loro?

Sud Africa: km^2 1 milione 200 mila, quattro volte l'Italia; abitanti 54 milioni.
Mi risulta che ammazzino gli emigranti. Il terrore di questi ultimi del mondo è tale che non cercano una speranza di vita in questo Paese.
Le iene bianche si sono alleate con le iene nere e hanno dimenticato il popolo di Dio.
Il sogno di Nelson Mandela è stato rinnegato e prima o dopo scoppierà una guerra civile di dimensioni spaventose mai viste prima.

Giappone: km^2 378 mila, poco più grande dell'Italia; 126 milioni di abitanti.

Malgrado siate geograficamente lontani dai paesi dei due mefistofele avete avuto la sfortuna di essere coinvolti nel più stupido e folle conflitto dell'intera umanità.

IL DIALOGO INTERRELIGIOSO

Mi chiedo spesso cosa potrà mai realizzare papa Francesco del suo programma di rinnovamento della Chiesa Cattolica.

Perché i problemi da risolvere sono tanti e alcuni di enorme importanza se si vuole evitare che il dialogo interreligioso tra le tre grandi fedi monoteistiche continui a risolversi in incontri di pura e formale cortesia.

La questione cardine che divide il Cristianesimo dalle altre religioni è il mistero della Trinità che relega le altre fedi a mere eresie, come documenta la storia con la condanna contro gli Ebrei di "popolo deicida" e le sanguinarie crociate contro i popoli di fede islamica, come sono state evangelizzate le popolazioni dei nuovi continenti e tante altre nefandezze perpetrate nei secoli dalla Chiesa Cattolica.

La revisione del mistero della Trinità si impone anche alla luce del fatto che oggi la Chiesa Cattolica svolge la sua missione in un mondo popolato da oltre sette miliardi di persone di cui sei miliardi professano altre fedi e tanti di loro non sanno nemmeno che è esistito Gesù.

Con loro non credo sia possibile avviare un dialogo costruttivo partendo dal mistero della Trinità.

Un mondo, in special modo quello costituito dai fedeli delle altre due religioni monoteistiche – Ebraismo e Islam – che partendo dall'innegabile assunto che siamo tutti figli del Dio di Abramo, continuerà a ritenere il Mistero della Trinità il vero grosso macigno da superare nel dialogo interreligioso. Anche perché esso ormai appare a tutti una grossa bufala. La più grossa e disastrosa bufala dell'intera storia dell'umanità.

Dobbiamo considerare inoltre che quello che stiamo vivendo è un momento storico molto turbolento: le organizzazioni criminali alla ricerca di pretesti per dividere e uccidere sono così numerose da risultare arduo già soltanto localizzarle e contarle.

Di fondamentale importanza è anche puntare nel dialogo interreligioso a un'effettiva libertà di culto, oggi ostacolata in vari modi da tutte e tre le religioni monoteistiche con scomuniche, *fatawa* e anatemi vari.

Sono certo che un grosso contributo alla convivenza pacifica si otterrebbe se si arrivasse ad aprire a tutte le fedi i luoghi di culto, che siano essi chiese, sinagoghe, moschee ecc.

Il giorno che si arrivasse a ciò, non posso non pensare a come sarebbe felice il Dio di Abramo nel vedere chiese, sinagoghe, moschee, templi buddisti brulicare di fedeli di ogni razza e religione intenti a venerarlo e osannarlo festosamente in tanti riti diversi ma tutti assieme in pace e armonia. E poi, una volta all'anno tanti raduni, come quello di oggi a La Mecca, localizzati, ad esempio, uno a Roma, uno a Gerusalemme, uno in Indonesia ecc.

Chiudo questo tema con due domande.

La prima prende spunto dalla richiesta di papa Francesco a pregare per lui che porta a chiederci per quale Dio dobbiamo pregare ossia se per il Dio di Abramo oppure per il Dio della Trinità. Sono certo che papa Francesco ci illuminerà.

La seconda, perché i governi e la società civile non forniscono aiuto alcuno ai santi in terra come papa Francesco. Perché non c'è papa che possa conseguire un tale risultato in breve tempo come richiesto dai drammatici problemi di questo secolo senza la collaborazione dell'intera società civile. A questa seconda domanda una prima risposta la do io. Non lo fanno per poter operare in maniera indisturbata e con il massimo risultato. A loro calza a pennello l'interpretazione egoistica e vile di Libero Stato in Libera Chiesa.

Personalmente ritengo che un tale contributo non verrebbe rifiutato da papa Francesco perché la sola nostra preghiera non gli consente di porre tutti i mattoni che devono essere pietre miliari di cambio totale di direzione.

Che papa Francesco ritenga questa sua missione di rinnovamento un'impresa titanica emerge anche dal suo discorso alla Curia romana di lunedì 21 dicembre 2015 che termina con la preghiera attribuita al Beato Oscar Arnulfo Romero:

...non possiamo fare tutto, però dà un senso di liberazione l'iniziarlo.

Ci dà la forza di fare qualcosa e farlo bene. Può rimanere incompleto, però è un inizio, il passo di un cammino.

Una opportunità perché la grazia di Dio entri e faccia il resto.

Può darsi che mai vedremo il suo compimento, ma questa è la differenza tra il capomastro e il manovale.

Siamo manovali non capomastri, servitori, non messia.

Noi siamo profeti di un futuro che non ci appartiene.

Premessa

Questo mio interesse per il destino del mondo, per il mio Paese e il Sogno europeo in particolare, si è tramutato nel tempo in una fissazione che mi ha procurato tante incomprensioni e dissapori con mia moglie.

Da qualche parente e amico sono stato bonariamente deriso per il fatto di apparire un povero novello Don Chisciotte.

Essendo io stato operato per un tumore al colon e trovandomi ora a lottare contro l'insorgere di un secondo mostro alla tiroide, la mia dolce e paziente Silvi non perde occasione per ripetermi di lasciar perdere, di prendermi cura della mia salute e di trascorrere il tempo, che il buon Dio vorrà ancora concedermi, serenamente e dedicarmi ad altre attività meno stressanti. E devo convenire che ella ha ragione anche perché a me tante idee vengono di notte – come mi succedeva da direttore Fiat – e ciò mi obbliga a tenere sul comodino carta e penna per non rischiare di dimenticarle e spesso, non riuscendo a riprendere sonno, mi alzo e mi metto a scrivere.

Perché io mi ostino a pensare che anche le mie idee possano essere di qualche utilità, soprattutto perché sono il frutto di una mente non condizionata da alcun interesse personale o di parte.

Sono profondamente convinto nella mente e nel cuore che il futuro del nostro Paese e dei restanti popoli europei è garantito soltanto dalla realizzazione del Sogno europeo, da intendere una Patria COMUNE, LIBERA, DEMOCRATICA, CIVILE e SOLIDALE per se stessa e verso i DISEREDATI del mondo.

Devo tuttavia confessare che sono assalito da un dubbio atroce che non consentirebbe scampo alcuno a niente e nessuno, e quindi anche questo mio scrivere tanto non servirebbe a niente ma semplicemente, come mi ammonisce mia moglie, ad accelerare la mia partenza per l'altra vita. Detto dubbio risiede nel timore che il Dio unico, *che move il sole e l'altre stelle*, abbia tra i suoi disegni quello di liberare la sua terra dal dominio dei farisei. Che Egli anziché riconoscere i meriti che ci attribuiamo per tutto ciò che abbiamo combinato nei circa tre millenni di nostro dominio, veda invece in detti atti una storia di soprusi, di conquiste, di colonizzazione, di sfruttamento e di atroci sofferenze e genocidi perpetrati verso altri popoli.

Di seguito vi elenco ciò che hanno vissuto le persone della mia generazione, che può essere compreso soltanto quale probabile SUO disegno all'insegna del *Quos Deus vult perdere, dementat prius*. Una quantità enorme di scellerati e demenziali avvenimenti, tra i quali: la prima guerra mondiale, il fascismo, il nazismo, il comunismo, la seconda guerra mondiale, gli ordigni nucleari di Hiroshima e Nagasaki, gli orrori di Auschwitz, la cortina di ferro, il muro di Berlino, la guerra infinita in Medio Oriente – ora semplicemente in stato di momentanea quiete a mo' di vulcano pronto a esplodere nuovamente quando meno te lo aspetti – le guerre in Vietnam, in Corea, in Iraq, in Afghanistan, il mordi e fuggi in Libia, e tutti i genocidi commessi nel corso del ventesimo secolo quali:

Armenia 1915: vittime armeni ottomani 1.400.000;
Holodomor: vittime contadini ucraini 7.000.000;
Shoah 1941-1945: vittime ebrei europei 6.000.000;
Jugoslavia 1941-1945: persecuzione contro i serbi, vittime 1.000.000;
Cambogia 1975-1979: vittime 1.800.000;
Ruanda 1994: vittime Tutsi 1.000.000;
Bosnia 1992-1995: vittime musulmani bosniaci 120.000.
In aggiunta, i crimini di Al Qaeda e quelli di oggi dell'Isis.

RENZI FESTEGGIA

Il giorno 22 febbraio del 2016 Renzi ha festeggiato due anni di vita del suo esecutivo. Io ho vissuto questo giorno con molta tristezza e mia moglie ne ha approfittato per ricordarmi che nella querelle tra me e lei ad aver ragione è lei. E ciò perché malgrado in ognuna delle mie diciannove lettere io l'abbia esortato a fare una corposa patrimoniale, pena la vita del suo governo, egli non soltanto ha ignorato il mio consiglio, ma ha persino evitato a tutti i membri del suo governo di pronunciare questa parola.

Il mio sconforto è comunque dovuto alle miserie che il nostro popolo continua a soffrire e non mi curerei affatto del destino politico di Renzi se non vedessi all'orizzonte lo spettro degli euroscettici quale concreta minaccia al Sogno europeo e un'ulteriore fonte di confusione e tragedie sociali per i popoli europei e per gli ULTIMI del mondo.

Il governo presieduto da Renzi non fa altro che festeggiare in maniera confusa un'infinita lista di nozze senza disporre nemmeno dei fichi secchi.

Renzi va spesso nei paesi abitati quasi esclusivamente dagli ULTIMI del mondo. Dovrebbe trovare invece anche il tempo per andare in quei paesi ove ci sono i migliori asili nido, le migliori scuole medie superiori e le migliori università. E una volta a casa, realizzarli nel nostro Paese.

Siamo invece costretti ad assistere quotidianamente a tagli disastrosi di bilancio.

CONTESTO MONDIALE DELLA GLOBALIZZAZIONE

Ritengo si renda necessaria qualche riflessione in merito al contesto mondiale entro il quale il nostro Paese e l'Europa si troveranno a svolgere la loro azione politica.

Il futuro, per l'Occidente e quindi anche per il nostro continente, pone problemi e incognite di ogni tipo.

Il processo di globalizzazione, consistente nella libera circolazione dei capitali, delle tecnologie produttive, del sapere in generale e delle merci, ha innescato in tutti i paesi classificati come sottosviluppati una corsa all'industrializzazione vista quale unica strada da percorrere per assicurare ai popoli le stesse conquiste e il benessere di cui ha goduto in invidiabile solitudine l'Occidente.

È una missione alla quale chiama il Dio di Abramo e alla quale nessun governo può sottrarsi se vuole contenere rivolte sociali, guerre etnico-religiose ed esodi di massa. Eventi i cui effetti coinvolgono anche l'Occidente e quindi l'Europa come testimoniano gli atti terroristici e gli esodi biblici.

Poiché la corsa allo sviluppo di detti paesi coinvolge oltre sei miliardi di persone, l'umanità si trova già oggi di fronte a due grosse incognite: lo sviluppo sostenibile in base alla disponibilità di energia e materie prime e quello in base al livello di inquinamento sopportabile dal nostro PIANETA.

Non essendo nemmeno ipotizzabile che esso possa sostenere per sette miliardi di persone lo stesso tenore di vita occidentale – il modello al quale tutti aspirano è quello statunitense – è inevitabile che si accerti quanto prima quale livello di benessere può permettersi l'umanità intera alla luce dei due vincoli sopra indicati e come soddisfare pacificamente le istanze e le esigenze di tutti.

C'è da sperare che, alle prese con un tale dilemma, le grandi potenze trovino il modo di gestire le sorti del mondo pacificamente nel rispetto dei principî e dei valori della carta dell'ONU. Perché se si dovesse ipotizzare che i problemi saranno affrontati facendo ricorso alle armi significherebbe dover prendere atto che l'umanità sarebbe giunta all'atto finale ossia la distruzione di ogni sua forma di vita.

Per l'Italia l'odierna situazione sociale è di una tale gravità che possiamo uscirne soltanto con misure eccezionali sulle quali desidero soffermarmi qui di seguito.

Per prescrivere le cure giuste bisogna prima indovinare la diagnosi e dire al paziente la verità. La verità è che noi non possiamo nemmeno sognare di poter ritornare come paese a quel welfare di cui abbiamo goduto nel recente passato. Quello standard di vita che vedeva così tante famiglie disporre di più automobili, più telefonini, seconde e terze case, ferie più volte all'anno alla scoperta del mondo. Esso non è più sostenibile perché detta sbornia è stata possibile soltanto grazie all'accumulo di un debito pubblico mostruoso di oltre duemila miliardi e al privilegio di far parte di un Occidente che disponeva in splendida solitudine di tutte le risorse della terra.

Oggi siamo nella situazione di dover rivedere detto tenore di vita sia per renderlo compatibile con le nostre effettive risorse economiche – quindi senza continuare a fare debiti – sia perché dobbiamo per molti anni a venire risparmiare per rimborsare i soldi del debito pubblico.

L'unica nostra salvezza consiste pertanto nella vittoria contro l'evasione fiscale – carcere duro quale unico mezzo per combatterla! – e nel varo di misure mirate a generare risorse in aggiunta a una corposa patrimoniale per ridurre in un lustro il nostro debito pubblico di almeno mille miliardi. Obiettivo da conseguire prendendo i soldi ovunque essi siano, senza timore verso nessuno, perché chi oggi possiede tanto ha di sicuro contribuito in passato in qualche modo e misura allo sfascio del nostro Paese.

In aggiunta, bisogna eliminare gli sprechi e i privilegi di cui ancora oggi godono così tante caste.

Il problema della disoccupazione non è risolvibile sognando una ripresa dell'economia tale da assorbire i milioni di disoccupati di oggi anche perché in tantissime attività umane le macchine – sono in arrivo gli umanoidi – continueranno a rimpiazzare l'uomo.

Il reddito di cittadinanza non è consigliabile neppure sotto l'aspetto etico perché dice giustamente papa Francesco: *non si può togliere all'individuo la dignità di portare il pane a casa.*

L'unica alternativa rimane una drastica riduzione dell'orario di lavoro, senza porre limiti all'età lavorativa delle persone che godono buona salute, non essendo sostenibile un costo pensionistico per troppi anni di vita.

Per l'immediato dunque, che nessuno è in grado di stabilire quanto possa durare, noi possiamo salvarci soltanto dividendo in maniera equa e solidale la torta che realisticamente siamo e saremo in grado di produrre.

Ciò non toglie che per il futuro remoto – che potrebbe risultare molto remoto – si possa sognare di realizzare un nuovo Rinascimento, perché siamo pur sempre un Paese di soltanto sessanta milioni di abitanti e capace di fare miracoli come ci ricorda ma anche ci sprona la scritta sul palazzo dell'Eur con tanta enfasi mussoliniana:

Un popolo di poeti, di artisti, di eroi, di santi, di pensatori, di scienziati, di navigatori, di trasmigratori.

Ma per far sì che i sogni non rimangano tali sono necessarie politiche che puntino decisamente su scuola, formazione, ricerca e innovazione per metter il nostro Paese in condizione di saper produrre beni innovativi, di qualità e con valore aggiunto da poter vendere, con buoni margini di profitto, ai ricchi del mondo.

E poi bisogna imparare a vendere meglio e di più ciò che già abbiamo: il patrimonio Artistico, la Moda, il Design e i tanti altri prodotti che sappiamo realizzare con impareggiabile gusto e perizia.

Ma questa è un'impresa che per essere realizzata richiede tempo, l'impegno di tutti e denaro da investire.

LA SALVEZZA È NELLA PATRIMONIALE

A scanso di equivoci desidero ribadire che la cosa da fare subito è procedere a un prelievo sui conti correnti di tutti i residenti in Italia e imporre una tassa su tutti i grandi patrimoni al fine di disporre delle risorse vitali all'eliminazione di un pezzo del nostro debito pubblico e alla promozione di iniziative economiche miranti a reinserire nella vita civile una parte della sterminata massa di disoccupati e sottoccupati e ritornare così tutti alla vita.

Ci chiediamo spesso fra amici che senso ha avere del denaro in banca per poi dover vivere in un paese in cui ogni giorno i mezzi di informazione ti martellano con le tante tragedie del mondo. Quelle maggiormente strazianti raccontano di persone i cui corpi sono stati distrutti da quotidiane sofferenze e le cui anime gridano disperazione per essersi trovate improvvisamente senza una fonte di reddito. Il loro livello di disperazione è tale da intravvedere nella soppressione fisica di loro stessi e dei loro cari l'unica soluzione disponibile per porre fine alla loro disumana tragedia.

Questi sono in particolare i casi in cui la mia mente non trovando una giustificazione logica a simili tragedie cede allo sconforto e si ritrova a pensare a quel titolo che lo scrittore Primo Levi ha dato al suo capolavoro, *SE QUESTO È UN UOMO*, testimonianza della prigionia patita nei campi di concentramento nazisti e della sua lotta per la sopravvivenza.

Noi pensionati potremmo andare a vivere, con pochi soldi, in una delle tante stupende e salutari isole e invece l'amore per il nostro Paese, i nostri Monumenti, la nostra Cultura in tutte le sue forme ed espressioni, ci tiene inchiodati alle nostre radici. Ma oggi l'angoscia è tale da provocarti un tale sconforto da toglierti la serenità e la gioia di vivere.

E ci assale un sentimento di rabbia per chi ci governa che si trastulla a sfornare palliativi quando invece ci sono mille modi per reperire le risorse necessarie per risolvere i problemi alla radice. E confermo che si può partire dai conti correnti dei pensionati di rango e di così tanti vecchi paperoni i cui denari non servono a molto – spesso nemmeno a figli e nipoti – se non una piccola parte, per dare una destinazione onorevole al corpo dopo la morte.

Chi ci governa sembra non essersi reso conto che nell'ultimo decennio nel Centro-Sud del nostro Paese l'aspettativa di vita si è ridotta di cinque anni perché i tanti tagli di bilancio alla sanità hanno determinato una drastica riduzione degli esami medici, con mezzi tecnici di ultima generazione. E quel poco che le strutture sanitarie riescono a fare con le briciole perse dalle iene durante i loro tanti banchetti, spesso non serve a niente in quanto, complici i lunghi tempi di attesa, il più delle volte, quando arriva il referto, il malato non è più curabile e non di rado questo poveretto in attesa di accertamenti muore prima che si sia potuto individuare di quale malanno.

Desidero riportare due massime in latino utili nel caso Renzi dovesse avere qualche titubanza a effettuare la patrimoniale e le altre misure necessarie a tiraci fuori dalla palude:

Salus populi suprema lex esto.
La salvezza del popolo deve essere la legge suprema.

Bonum commune melius est quam bonum unius.
Il bene comune è migliore del bene del singolo.

UNA RIPRESA NON ADEGUATA AI NOSTRI PROBLEMI

Mi preme anche ribadire che la ripresa economica realisticamente prevedibile per la nostra nazione non risolverà in alcun modo il problema del nostro debito pubblico perché qualche punto di PIL eserciterebbe sul nostro mostruoso debito pubblico semplicemente un impercettibile solletico.

Io continuo a non comprendere perché dobbiamo preoccuparci della deflazione di cui tanti parlano come di un mostro, considerato che nel nostro Mezzogiorno molti prodotti agricoli costano oggi meno di quando c'era la lira. Perché qui da noi ci sono oggi due realtà economiche: l'una alimentata dai proventi degli evasori, dei ladri, delle varie mafie e dai lavoratori protetti, ossia coloro che continuano a percepire un reddito medio-alto; l'altra realtà economica è costituita da persone alla ricerca quotidiana di qualche lavoretto remunerato in nero con pochi euro, che i più fortunati aggiungono alla pensione di qualche congiunto. Le richieste alla Caritas sono in un tale continuo aumento da azzerare spesso le scorte di molti beni.

La deflazione non ha ancora aggredito in maniera sensibile i prezzi dei prodotti della grande industria e le prestazioni dei professionisti semplicemente perché i redditi dei "protetti" fanno da argine.

Ogni qualvolta sento dire che tra i compiti della BCE c'è quello di portare l'inflazione annua a circa il 2% del PIL dell'intera zona euro, mi viene da ridere di sconforto perché questo obiettivo non verrà mai raggiunto in tutti i paesi del mondo. Nel nostro la ripresa è bloccata dalla mancanza di adeguate risorse e in Europa a causa dei vincoli di bilancio imposti a ragione dalle Istituzioni Europee per evitare ulteriori balzi in avanti dei già mostruosi debiti pubblici.

Non riesco quindi a comprendere come si possa fare aumentare l'inflazione in questi paesi i cui cittadini che hanno capacità di spendere continuano a risparmiare temendo un futuro carico di sorprese negative e quelli bisognosi di spendere per non continuare a morire di inedia, di malattie e di disperazione sono impossibilitati a farlo perché disoccupati oppure percettori di un reddito talmente modesto da non poter incidere sui consumi nella misura necessaria perché si verifichi quella ripresa economica tale da far salire l'inflazione.

Non so per quanto tempo ancora questa lotta alla deflazione continuerà a sfornare risultati deludenti e sconfortanti. Temo che la BCE e le istituzioni Europee abbiano un'unica soluzione sicura per fare decollare l'economia in così tanti paesi del MONDO nella misura necessaria perché essa partorisca l'inflazione. Io insisto sulla necessità di obbligare i governi ad attingere le risorse necessarie dai conti correnti e tassare i grandi patrimoni.

Non conosco il pensiero di Draghi, della Merkel, di Schäuble, di Weideman, ma ho la netta sensazione che questi signori abbiamo compreso da sempre che l'inflazione del 2% circa sarà per molto tempo una chimera.

Utile sarebbe anche spiegare agli italiani che non c'è bisogno di uscire dall'EURO per certificare che siamo diventati tutti più poveri rispetto agli anni di allegra gestione del debito pubblico, spiegando altresì che i nostri problemi con il ritorno alla lira si aggraverebbero e di molto.

Gli egoistici e faziosi obiettivi per cui l'antipolitica chiede il ritorno alla lira li ho esposti in una delle mie lettere inviate a Renzi nel mese di aprile 2014.

Le vere risposte ai nostri problemi sono: sconfiggere l'evasione fiscale, eliminare gli sprechi e i privilegi, ripartire la ricchezza disponibile in maniera più equa e solidale, e tutto ciò può e deve avvenire in maniera pacifica, onorando il debito pubblico e rimanendo ancorati all'EURO.

Per poterlo fare dobbiamo semplicemente uccidere l'egoismo che è in ognuno di noi, praticare la solidarietà e donare l'oro alla Patria, anziché pretendere queste azioni virtuose da altri paesi per la soluzione di un problema – l'abbattimento del mostruoso debito pubblico – di cui siamo gli unici responsabili.

IL PIÙ SERIO DEI PROBLEMI: LA NATALITÀ

Mi permetto inoltre di suggerire a Renzi di portare nelle sedi opportune il problema di come sostenere la natalità per evitare che nel giro di pochi anni – insufficienti a integrare culturalmente gli immigrati – l'Europa scompaia quale presidio a difesa dei valori occidentali.

In vista di questo obiettivo è indispensabile trasferire alle donne, che vanno invogliate a fare figli in giovane età con giovani ovuli, i tanti vitalizi che i politici tutti si sono attribuiti senza alcuna vergogna. E non soltanto.

In aggiunta, consiglio a Renzi, per il bene del nostro Paese, di non continuare ad aggredire le Istituzioni Europee che non gli consentono di aumentare il debito pubblico. Semmai chieda alla Troika di imporre al Suo governo di fare tutto ciò che è necessario e ciò qualora l'esecutivo da lui presieduto dovesse ritenere impossibile trovare in Parlamento quella maggioranza necessaria per l'approvazione di sue autonome iniziative.

APPELLO ALLE ISTITUZIONI EUROPEE

Nel 2010 ho inviato a voi Istituzioni Europee una mia supplica con la quale Vi chiedevo di imporre ai governi italiani tutte quelle misure necessarie per salvare l'Italia e il Sogno europeo.
Oggi non posso esimermi dal manifestarVi una profonda delusione per:
- aver consentito al Governo Monti di prendere misure tutte rivolte esclusivamente ad affamare sempre più il popolo degli sfruttati, dei pensionati percettori di pensione da fame e di ignorare qualsiasi provvedimento di equità e solidarietà verso le classi più povere, i disoccupati e così tanti diseredati sia di casa nostra sia provenienti da aree di guerra sempre più simili a gironi danteschi;
- aver permesso al Governo Letta di perdere tempo prezioso danzando intorno ai problemi anziché affrontare di petto le questioni di vitale importanza in attesa da troppo tempo di una soluzione;
- non averci commissariato, con la conseguenza di un ulteriore aumento del nostro debito pubblico aggravato anche dagli importi che il nostro Paese è stato costretto a pagare quale contributo per il salvataggio dei paesi europei in difficoltà come noi;
- averci rifilato un giorno sì e l'altro pure multe salate per tutte le inadempienze della nostra classe dirigente nel realizzare le direttive europee nei tempi stabiliti.
Vi supplico di renderVi conto che la Vostra inerzia, mancanza di coraggio e visione politica, hanno prodotto in tanti paesi europei situazioni drammatiche le cui cause si sperava di rimuovere meglio e in tempi ragionevoli con la regia delle Istituzioni Europee e con il contributo costruttivo di idee dei paesi virtuosi, considerato che i problemi dei paesi definiti

PIGS erano noti dal giorno in cui sono stati firmati i trattati a Roma.

Noi normali cittadini non riusciamo a comprendere perché venga consentito ai politici definiti con un eufemismo euroscettici di umiliare le Istituzioni nazionali ed europee con l'unico intento di distruggere ciò che fino ad oggi è stato faticosamente realizzato per il Sogno europeo. Mentre abbiamo ben chiaro che detti politici non hanno alcuna proposta politica seria da fare, sono accecati da un sordido egoismo e privi totalmente di cultura storica e visione politica, non comprendiamo in base a quali interessi, a quali nobili valori, Voi consentiate loro parole e azioni che l'emerito nostro Presidente della Repubblica, Giorgio Napolitano, ritiene a ragione "veri atti eversivi".

Mentre ci sono giustamente leggi che puniscono il negazionismo, l'apologia del nazismo e del fascismo, Voi tollerate con imperdonabile colpa e grave irresponsabilità progetti come l'uscita dall'euro e combutte varie come quella con Putin, che facendo leva sulla rabbia e la disperazione dei popoli nonché su tanta dose di ignoranza possono concretamente distruggere il Sogno europeo.

Gli europei che vogliono la realizzazione del Sogno europeo si chiedono e Vi chiedono: che senso ha consentire a partiti e movimenti politici di questo o quel Paese di fare campagne elettorali contro il Progetto Europa?

Perché non vengono adottate strategie e misure di prevenzione a difesa di detto Progetto e sanzioni per coloro che già oggi compiono meri atti eversivi contro questo progetto di realizzazione di una patria europea?

Perché non spiegate in termini accessibili alla massa dei cittadini europei quel tanto di positivo che fate per la realizzazione del Sogno europeo?

Perché Jean-Claude Juncker, Presidente della Commissione europea, ha dato l'impressione di compiere uno sforzo titanico per dire poche parole su come si sono svolte effettivamente le trattative con Tsipras e Varoufakis?

Perché siete così reticenti? Spero Vi rendiate conto che mentre Tsipras, per fortuna nostra e della Grecia, è stato fulminato sulla via per Damasco, prima o dopo qualche capopopolo farà il pazzo fino in fondo e saranno problemi seri per tutti!

Caro ministro Schäuble, non si senta solo. Sapesse quante persone in Grecia, in Italia e in tanti altri paesi europei senza regole e governi responsabili sono d'accordo con la politica da lei condotta per realizzare il Sogno europeo.

Il default della Grecia da lei proposto sarebbe stata la soluzione ideale per cancellarne l'ingente debito, presupposto indispensabile per l'inizio di un percorso di risanamento dell'economia greca. Tuttavia ritengo sia stato saggio evitare la *Grexit* per non mettere a rischio la vita dell'EURO e del Sogno europeo e di avventurarsi in quell'ignoto a cui ha fatto cenno il Presidente della BCE Mario Draghi.

In ogni caso, chi vivrà vedrà.

Sappiate che noi comunque non abbiamo altra scelta che continuare a sperare e contare su di Voi e unitamente a Papa Francesco imploriamo il Signore di ridare vita alle vostre anime morte e di illuminare le vostre menti a fare cose utili al popolo del Dio di Abramo.

A SILVIO BERLUSCONI, AI SUOI TRANSFUGHI E AI SUOI EREDI POLITICI

Caro Silvio, se nel 1994 tu avessi continuato a dedicare le tue inesauribili energie a svolgere la tua missione imprenditoriale anziché scendere in politica – privando, con questa tua decisione, il nostro Paese di uno dei pochi capitani di impresa fantasiosi, motivati e creatori di vera ricchezza – oggi noi continueremmo a invidiarti per le tue ricchezze, la tua furbizia, la tua *verve*, e per tante altre tue qualità e perfino per le tue tante peculiari *virtù italiche* di cui si occupa da oltre vent'anni la giustizia italiana con tanta dovizia di particolari. In special modo quando trattasi di questioni pruriginose che hanno fatto il giro del mondo con l'appellativo di *bunga bunga*, da sollazzare tanti concittadini europei e non pochi cittadini di altri continenti.

Caro Silvio, sono portato a pensare che quando ti capita di passare in rassegna la tua vita anche tu sei forse assalito dal dubbio che è stato un errore quello di darti la missione di salvatore della patria.

Perché è accaduto che i tuoi tanti nemici hanno fatto di te nell'immaginario collettivo del nostro Paese un personaggio colluso con la mafia, evasore fiscale e autore di infiniti altri reati. Era quindi inevitabile, come puntualmente è accaduto, che avresti scatenato in tanti militanti del tuo partito incaricati di gestire la *res publica*, e in tanti italiani disonesti, una gara forsennata al ladrocinio, all'evasione fiscale, al malaffare.

Perché ognuno di loro è stato non soltanto invogliato a imitare i tanti crimini a te imputati, ma, nel fare ciò, è stato perfino confortato dal pensiero che i propri erano di entità e natura modeste rispetto a quelli a te attribuiti.

Caro Silvio, perché ti ostini a non promuovere quanto necessario per salvare l'Italia, a realizzare il Sogno europeo, a restituire la Destra italiana alla sua nobile storia? Dando così un esempio di enorme valore etico a tanti impostori, tiranni e criminali di cui è infestato il nostro pianeta, esempio che potrebbe generare nelle anime morte di alcuni di loro qualche proposito di ravvedimento e di emulazione.

Che cosa devi concordare con Renzi, caro Silvio, tu lo sai benissimo e possiamo riassumerlo qui di seguito senza alcun rischio di sbagliarci:

- promuovere subito il varo di una corposa patrimoniale per consentire al nostro Paese di riprendersi una parte degli oltre duemila miliardi di debito pubblico che l'Italia corrotta ha generato con la regia della classe dirigente, inetta quando non criminale, di politici, industriali e sindacati;

- inasprire le pene, prevedendo quindi carcere duro e 41 bis non soltanto per i tanti veri criminali e le tante mafie che infestano il nostro Paese ma anche per i grandi evasori fiscali. Un mondo di loschi personaggi che quotidianamente delinquono incuranti del degrado sociale in cui hanno sprofondato il nostro Paese. Essi operano quotidianamente alla luce del sole, bisogna soltanto impedire loro di continuare a farlo con condanne serie, tali da riportare il tasso di criminalità in termini gestibili. Colpire quindi in maniera dura quelli accertati in modo inconfutabile per scoraggiare gli altri.

Caro Silvio, ti prego, ascolta la tua coscienza, getta il dado, attraversa il Rubicone, fai in modo di poter passare alla storia da leader politico che, come San Paolo sulla via di Damasco, si è ravveduto e ha contribuito a salvare l'Italia, l'Europa e il Mondo.

Perché io sono fermamente convinto che tu sei una persona di un'intelligenza non comune, di grande generosità e che ama il nostro Paese. Che le tue qualità umane sono tante lo conferma il fatto che non soltanto i tuoi dipendenti e le persone della tua parte politica ti amano ma alcune ti venerano persino. E continuano a volerti bene anche quelle che ti hanno abbandonato nella tua vicenda politica e probabilmente perfino quelle che ti hanno tradito, rose dal rimorso di essersi rese indegne della tua amicizia, da te elargita sempre con atti di concreta generosità e bontà.

Pertanto non posso fare a meno di chiederti perché non doni alla Patria una parte dell'oro che possiedi, gesto che consentirebbe a te e a noi di vedere se e quanti altri paperoni e paperini ti imiterebbero? Perché è soltanto a parole e custodendo con molta perizia i propri scheletri nell'armadio che tanti italiani si proclamano persone oneste e meritorie...! Perché se il problema del nostro Paese fossi stato soltanto tu, un paese virtuoso si sarebbe sbarazzato di te in poco tempo.

Un tempo grandi uomini prima di congedarsi dalla vita terrena innalzavano sontuosi monumenti al Dio di Abramo quale atto di ringraziamento e d'amore per la vita terrena e quale richiesta di perdono per le malefatte o i crimini commessi nel corso della loro esistenza, e per implorare misericordia per la vita eterna che sarebbe stata loro assegnata.

E oggi? Papa Francesco non sa più da quali altri pulpiti e a quali altre assemblee rivolgersi per implorare giustizia, carità, solidarietà, amore e rispetto per il prossimo, nonché la creazione di quel lavoro necessario a ridare dignità all'uomo.

Contro la barbarie, Fabrizio Quattrocchi in Iraq redarguisce una banda di criminali che sta per giustiziarlo: «Vi faccio vedere come muore un italiano!».

A Palermo la vedova di Vito Schifani, uno degli agenti trucidati insieme a Falcone, singhiozzando implora: *Io vi perdono, però vi dovete mettere in ginocchio, se avete il coraggio di cambiare.*

Ma a giudicare da ciò che ogni giorno in Italia e nel mondo si verifica, si direbbe che ogni supplica e nobile esempio cadano nel vuoto e che l'uomo abbia perso completamente la sua umanità!

Per passare alla storia come grande statista, non credo sia saggio, caro Silvio, legarti a Salvini, segretario di quella Lega che voleva disintegrare l'Italia, progetto che egli ha messo ora in stand by per dedicare tutte le sue energie alla disintegrazione dell'Europa, non disdegnando nemmeno di flirtare con Putin pur di cercare di raggiungere questo obiettivo.

Caro Silvio, lascia perdere la *flat tax*, il ritorno alla lira e la Italexit.

E Forza Italia la smetta di chiedere al governo di ridurre le tasse, ben consapevole che ciò è impossibile fino a quando anche tanti vostri elettori e tanti italiani di ogni orientamento politico continueranno, in aggiunta a mafiosi, a corrotti e a corruttori, a delinquere e a non pagare le tasse.

Caro Silvio, tu hai avuto la fortuna di non perdere mai del tutto il contatto con la realtà, con il mondo che soffre, e ciò secondo me grazie in special modo alle tante ragazze italiane e straniere, spesso di estrazione umile, che ti hanno aiutato anche a conservare questa grande virtù. Tu che oggi hai anche abbracciato la causa dei gay e dei loro diritti, fai un governo stabile con il PD, dettagliato e preciso in ogni singolo punto e rivolto unicamente al Bene del nostro Paese! E non evadere il problema dei problemi, ossia il nostro mostruoso debito pubblico e la necessità del varo della patrimoniale, che nessuno ha nemmeno il coraggio di nominare.

A scanso di equivoci, si deve fare un governo di Centro-Destra nel quale i tuoi uomini impongano le riforme della Sinistra. Anche perché questi pretesti ideologici utilizzati per rinviare la soluzione di problemi così vitali per il nostro Paese e il Sogno

Europeo gli italiani e tutto il mondo non li accettano e non li perdonano più.

Auguri Silvio di buona salute e vita futura serena e costruttiva da un normale tuo concittadino, classe '36 come te.

Si non caste autem caute.
Se non riesci a vivere da casto, almeno sii prudente.

Regis ad exeplum totus componitur.
I cittadini prendono ad esempio i comportamenti di chi li governa.

In principatu commutando saepius nil praeter domini nomen, mutant pauperes.
Quando cambiano i governi, spesso per i poveri non cambia niente se non il nome del padrone.

LA SOLITUDINE DI ISRAELE

Quante vite umane è già costata questa disputa eterna, perversa e diabolica che fa parlare le armi, produce morti e distruzioni, poi si ferma appena il tempo per ricostruire e poi si ricomincia daccapo!

Il mondo intero implora da tempo la pace, quella vera, quella duratura, quella definitiva. E ciò non accade.

La soluzione, a parole, c'è già: due Stati – quello di Israele e quello della Palestina – e Gerusalemme capitale unica dei due Stati e dell'umanità di fede monoteistica. Nei fatti però non si procede e ognuno ha le sue ragioni.

Dopo l'olocausto di Auschwitz, le argomentazioni addotte da Israele sono le più credibili.

Israele sa che deve fidarsi dell'America e dell'Occidente perché un giorno potrebbe malauguratamente trovarsi in uno scenario bellico da non riuscire più a difendersi con le sue sole forze.

Ma le sue paure e quindi il rifiuto di un accordo di pace nei termini sopra esposti derivano proprio dalla caotica situazione in Medio Oriente.

Israele, pur comprendendo che questa guerra infinita genera sempre più odio nell'animo dei due popoli che rende sempre più difficile un accordo di pace, ritiene il perdurare dello status quo l'unico modo per difendersi da coloro che quotidianamente pronunciano il "delenda Israele".

Oggi sono in tanti, gli USA in primis, a esercitare pressione su Israele affinché firmi un trattato di pace secondo lo schema sopraesposto.

Israele in cuor suo ritiene invece un tale evento un atto di ingenuità politica imperdonabile considerato che dopo Auschwitz ci sono stati i tanti atti di genocidio citati prima.

Questa è la situazione odierna, con l'aggravante che l'area nella quale è situato lo Stato di Israele vive una fase storica in cui la fede islamica è presa a pretesto da milizie armate di ogni genere che imperversano ovunque seminando terrore e morte senza rispetto alcuno verso Stati, confini e trattati di ogni genere.

La situazione, in quell'area, è pertanto tale che, a mio avviso, nessun Paese possa ritenersi moralmente autorizzato a forzare Israele a concludere un trattato di pace.

Si è arrivati a ipotizzare che ci sarebbero le condizioni per una pace, ma Benjamin Netanyahu – primo ministro di Israele – è di avviso opposto. Per questo suo atteggiamento viene accusato di essere una persona di indole estremamente litigiosa e pertanto desideroso di mantenere il suo Paese in uno stato di continua tensione nonché territorio di continui atti terroristici.

La verità invece è che le tante guerre sostenute da Israele per difendere il suo diritto all'esistenza hanno visto morire la sua migliore gioventù. Si è creata pertanto una situazione talmente lacerante che non appena sussisteranno le condizioni per una pace vera tra i due popoli, Israele non tarderà un istante a cogliere questa occasione.

È pertanto da escludere nella maniera più assoluta che per Israele esistano le condizioni per una pace e preferisca invece questo continuo stato di guerra.

A Israele non rimane quindi che fare affidamento sulle proprie forze e continuare a intralciare tutte quelle trame miranti alla sua cancellazione dalla faccia del pianeta.

E ciò in attesa di tempi migliori per quanto riguarda sia l'autorevolezza delle istituzioni mondiali sia l'evoluzione degli Stati suoi nemici verso una concezione convinta, e non di facciata, della vita e delle relazioni con gli altri Stati conforme al dettato della Carta dell'ONU.

MIA CARA AMATA AMERICA

Mia cara amata America, la crisi in cui si dibatte oggi il mondo è tale da richiedere senza indugio il tuo ritorno fattivo alla gestione e soluzione dei tanti problemi che tormentano l'umanità, in special modo l'area del Medio Oriente e il continente africano. La situazione è di una tale gravità che devo sperare che il futuro Presidente non verrà meno a questa impellente e drammatica richiesta.

In questa azione è di vitale importanza continuare a difendere tutti quei valori sui quali tu hai fondato la tua nascita e recepiti nel 1945 nella carta dell'ONU.

Essendo valori alla cui conquista l'uomo aspira per sua natura, ne consegue per te e per noi Europei l'obbligo di porli a fondamento di ogni strategia e intervento. Trattandosi di diritti inalienabili di ogni essere umano, il nostro operato deve essere finalizzato in maniera indiscutibile a ottenere anche che ogni Paese coinvolto ponga a fondamento della sua azione di governo quale primo sacro obiettivo quello di garantire al suo popolo la convivenza libera, democratica, pacifica e armoniosa ispirata alla fratellanza e all'eguaglianza, tra individui di ogni razza, orientamento politico, fede religiosa, genere, orientamento sessuale ecc.

Il raggiungimento di un tale obiettivo richiede, come insegna la storia umana, tempi più o meno lunghi a seconda degli ostacoli che ogni popolo deve affrontare. Perché mentre alcuni paesi possono conseguire dette aspirazioni in tempi ragionevoli, in tanti altri paesi si parte da realtà talmente ingarbugliate e complicate da richiedere molte generazioni per ottenere risultati tangibili e duraturi. Paesi che si trovano purtroppo a dover percorrere una strada piena di ostacoli quali, in primo luogo, l'ignoranza, il sottosviluppo, la mancanza di risorse naturali e l'incapacità delle classi dirigenti a comprendere e risolvere i problemi.

Ma l'Occidente, di cui tu sei la guida, nell'esercitare il suo diritto-dovere di partecipare alla gestione del destino del mondo non può e non deve perdersi di coraggio di fronte a questi ostacoli, che sono poi gli stessi che anche noi abbiamo dovuto superare nel corso della nostra travagliata storia e con alcuni dei quali ancor oggi molti paesi si trovano a lottare.

Non è trascorso molto tempo da quando le donne, non soltanto in Italia, portavano il velo, vestivano a lutto per il resto dei loro giorni, non trovavano marito se non arrivavano vergini al matrimonio, e da quando i tradimenti venivano regolati con il delitto d'onore e gli omosessuali erano considerati un aborto della natura.

Se si vuole comprendere il ruolo dell'Islam e l'uso criminale che si fa di questa fede è sufficiente ricordare il potere temporale della Chiesa Cattolica, che ha inciso così tanto e per secoli sulle sorti del nostro mondo. Perché i popoli, a torto o a ragione, ritengono, in determinati momenti storici particolarmente difficoltosi, la classe religiosa la più affidabile per la gestione della cosa pubblica.

Tornando a noi, tutt'oggi ci tocca purtroppo sopportare le stupidaggini di chi inventa la *Padania* e la secessione per pura speculazione politica pescando nell'istinto egoistico dell'uomo a voler tenere solo per sé sia le ricchezze naturali sia quelle che vengono prodotte in questa vasta zona del nostro Paese grazie a una storia e una collocazione geografica più favorevoli rispetto al Mezzogiorno.

In altri paesi (Spagna, Belgio, Ucraina, Irlanda ecc.) i politici, assetati di potere, facendo abilmente leva oltre che sull'egoismo anche sulla presenza nei loro territori di più lingue, fedi ed etnie, seminano odio, con poca fatica e tanto cinismo, aggiungendo così altri problemi a quelli veri che dovrebbero risolvere.

Se non dimentichiamo la nostra storia e i problemi con i quali noi stessi ancora oggi ci confrontiamo, ci sarà molto più semplice capire i problemi attuali e futuri degli altri, mondo islamico incluso.

Le scuole, le fabbriche, lo sviluppo e l'indipendenza economica del singolo individuo elimineranno il burqa, l'infibulazione e lo stato di ignoranza, sottomissione e schiavitù delle donne.

Sempre soltanto questione di tempo e assisteremo alla separazione netta tra sacro e profano nella gestione della cosa pubblica mediante l'assunzione di costituzioni laiche e la scomparsa di tentativi di riportare indietro l'orologio della storia, come verificatosi nell'Egitto di Morsi e nella Turchia di Erdogan.

Sempre soltanto questione di tempo, qualche generazione, dipenderà molto anche dal nostro aiuto, e i valori dell'Occidente si diffonderanno in misura più o meno soddisfacente ovunque nel mondo essendo questo percorso l'unico ipotizzabile per l'umanità perché il solo che troverà nelle menti e nell'animo umano la necessaria linfa insita nella sua matrice naturale. Quindi divina.

Ma tu, mia cara amata America, devi fare attenzione alle tue alleanze nelle tue strategie geopolitiche, spesso condizionate dalla Realpolitik, perché quelli che ti odiano non sono sempre terroristi ma a volte veri patrioti che ti accusano, spesso a ragione, di allearti con dittatori e impostori che ostacolano il loro sogno verso proprio quei valori sui quali tu hai fondato la tua identità.

Mia cara amata America, credo che oggi la popolazione del mondo si possa dividere in due gruppi in quanto a sentimenti nutriti verso di te:

- chi ti rispetta e ti ama perché crede nei tuoi valori di fratellanza, uguaglianza di diritti e doveri, libertà e democrazia partecipata;
- chi ti ritiene invece il diavolo in terra, imperialista e pronta a intervenire ovunque per proteggere esclusivamente i tuoi interessi pratici, al cui primo posto, soprattutto a partire dalla rivoluzione industriale, c'è il petrolio, una fonte energetica così vitale e preziosa da meritarsi l'appellativo di ORO NERO.

Al primo gruppo appartengono il Regno Unito e gli altri paesi fondati dagli *English-Speaking Peoples*.

L'Europa, grazie anche a te, è passata a far parte di questo gruppo attraverso un percorso di sofferenze e di sangue generato da due conflitti mondiali, l'esperienza del nazifascismo e la lotta al mostro del comunismo che ha schiavizzato a lungo, fino a quando è stato abbattuto il muro di Berlino, i paesi che la pace di Yalta aveva relegato al di là di quella odiosa frontiera passata alla storia con l'appellativo di *Cortina di ferro*.

In Asia e in Africa prevalgono i sentimenti del secondo gruppo.

Le cause sono tante, tra le quali si possono annoverare ai primi posti:
- il sottosviluppo presente quasi ovunque;
- giovani traballanti democrazie;
- costituzioni fondate sul Corano e la *sharia* che i dittatori di turno strumentalizzano per conflitti interni e tra Stati, facendo largo uso di fondamentalisti e milizie religiose per atti terroristici in ogni parte del mondo senza rispetto alcuno verso confini, governi e istituzioni varie;
- la mancanza di un'autorità mondiale per l'Islam, simile al papato per la Chiesa Cattolica, che se esistesse potrebbe forse assicurare una corretta interpretazione del CORANO evitando così usi blasfemi da parte di tanti governi e terroristi;

- la non condivisione in tanti paesi dei principî di libertà, democrazia, diritti civili per tutti ecc. rispetto ai quali c'è spesso un'accettazione di facciata.

Quanto a me, avevo solo otto anni quando nella fattoria di mio nonno ho cominciato a fare il tifo per te, mia cara amata America, rischiando la vita.

Perché mentre mio padre era in Albania inviato da Mussolini a spezzare le reni alla Grecia, iniziativa militare che per fortuna nostra e dell'umanità intera fallì, io, pur non comprendendo ancora l'americano, seguivo in maniera estasiata, come succede oggi ai bimbi dell'allora mia età davanti ai cartoni animati, le conversazioni tra i tuoi figli-soldati e mio nonno che odiava Mussolini, il suo fascismo e ancora di più il suo diabolico *allievo* Hitler.

E poiché a quell'età ci si schiera con i supereroi ignorando istintivamente ogni tipo di pericolo, essendo il fine ultimo sempre la vittoria, io, nascosto dietro le botti di vino, con il fiato sospeso, temevo che mio nonno, come si era più volte ripromesso, sferrasse il colpo d'accetta sui due giovanotti tedeschi in armi intenti a depredare, ai quali Hitler aveva divorato il cervello e l'anima, così come a una buona parte del popolo tedesco.

Cara America, è da un po' di tempo che noi tuoi *fans* ci chiediamo, senza trovare chiare risposte, quali strategie hai tu oggi per difendere i tuoi innati valori che hai fatto apprezzare e radicare in Europa, in Giappone e in tante altre parti del mondo.

I tuoi nemici, oggi più che mai numerosi in così tante parti del mondo, pensano di poter finalmente prevalere perché sono certi che tu avendo ultimamente trovato così tanto oro a casa tua (petrolio e gas da scisti) non hai più alcun interesse pratico a contrastare i loro piani criminosi.

Questi tuoi nemici, tra i quali figurano anche tanti europei, interpretano questo tuo attuale stato di confusione quale conferma pratica delle loro argomentazioni e calunnie, ossia che le parole libertà e democrazia, che mettevi a base delle tue trame politiche e di tanti tuoi interventi armati, erano un pretesto per tutelare soltanto i tuoi interessi pratici.

Questi tuoi nemici sono, in ampia misura, individui che si nutrono di beveroni preparati da loro stessi con miscugli di sostanze lasciate in eredità dai loro avi comunisti. Questi beveroni sono così ricchi di droghe da stordire al punto tale da impedire loro, ieri e di più oggi, di comprendere che la libertà e la democrazia se non difese da un civile welfare, che non può essere assicurato senza una fonte energetica, muoiono e che quindi tu l'approvvigionamento di questo dannato ORO NERO lo assicuravi non soltanto per te ma anche per noi e tanti altri popoli.

Mia amata America, tu devi assolutamente abbandonare l'attuale cammino che sembra portarti sempre più a richiuderti in te stessa e a disinteressarti delle sorti del mondo. Perché questo sarebbe un errore esiziale per tutti coloro che amano i tuoi valori e, nel tempo, anche per te stessa.

Coraggio mia cara America, perché il mondo oggi è in pericolo come mai, e soltanto tu, con l'aiuto del Dio di Abramo, puoi ancora una volta difenderlo.

Non contare molto sugli altri per tante ragioni, tra le quali:

- l'Europa, non essendo ancora uno Stato unitario, soffre di un vuoto di autorità sia al suo interno sia per ciò che accade ai suoi confini e in altri palcoscenici;

- l'incapacità di tanti stati europei a gestire l'attuale crisi economica nonché il processo della globalizzazione sta mettendo a dura prova la realizzazione del Sogno europeo. Si assiste al paradosso di forze politiche che, per assenza di cultura o per mera sete di potere, o per le due cose assieme,

ostacolano o addirittura combattono il suddetto processo di globalizzazione fatto nascere per difendere anche l'ordine mondiale e nel cui ambito ogni Paese dovrebbe edificare il suo futuro. Più o meno volutamente tali forze politiche minacciano di distruggere quel poco già realizzato del Sogno europeo, cosa che, nel caso si verificasse, farebbe precipitare il nostro continente in un baratro che sarebbe peggiore di quello lasciato dall'ultimo conflitto mondiale;
- la Russia, oggi in mano a Putin, sembra voler approfittare di questo momento così critico per l'Europa per ricostituire quel suo impero la cui disintegrazione interna era stata messa in luce dalla caduta del muro di Berlino. Si comporta come se ritenesse l'Occidente un nemico e vedesse nella Cina il suo alleato futuro per la cogestione dell'ordine mondiale;
- la Cina ha un comportamento rispetto alle sorti del mondo talmente ambiguo che nessuno ha capito che cosa intende fare da grande;
- l'esistenza di istituzioni mondiali incapaci di risolvere i problemi perché paralizzate da tanti paesi che ne fanno parte che non condividono gli stessi ideali, principî e interessi.
I problemi sono tanti e complicati ma sono certo che tu, come in passato, saprai trovare nei valori in cui credi le risorse mentali e materiali per vincere questa nuova tremenda sfida non potendo, credo, mai dimenticare che per la difesa e affermazione dei suddetti valori hanno sacrificato la vita milioni di tuoi figli.
Presta però un'attenzione costante e meticolosa a non deviare da detti principî in modo da trovarti sempre a difendere il Bene e poter così contare in qualsiasi evenienza sull'aiuto del Dio di Abramo, indispensabile per vincere sempre.

Si Deo pro nobis, quis contra nos?
Se Dio è con noi chi può vincere contro di noi?

Mala tempora currunt.
Corrono brutti tempi.

Sequitur superbos victor a tergo Deus.
Dio segue alle spalle i superbi.

GUERRE AL TERRORISMO INUTILI SE NON DIVENTANO CROCIATE CONTRO IGNORANZA E MISERIA

Le guerre al terrorismo e alle dittature sanguinarie vanno fatte se ci sono le condizione per assicurare il conseguimento degli obiettivi che devono essere condivisi da chi deve gestire poi la nuova realtà.

Altrimenti, un giorno andremo via convinti di aver portato a termine con successo la missione e potremmo invece essere costretti a prendere atto che ci siamo sbagliati. Perché il Paese è piombato nuovamente in un tale caos da ritrovarsi infestato da terroristi e senza una guida politica capace e determinata a risolvere i problemi seri del suo popolo.

Prima di abbandonare il Paese a suo tempo occupato, ritengo si debba effettuare con onestà un esame serio di come quel Paese si presenta grazie alla nostra cura che sicuramente sarà consistita più in bombe che in fabbriche, scuole e ospedali.

In sostanza, si dovrebbe avere coscienza che non sortiscono alcun risultato interventi di breve durata come fatto in Iraq, Afghanistan o il mordi e fuggi in Libia, perché liberare questi paesi, spesso tribali, dalla loro condizione di sottosviluppo pervaso da fanatismo religioso, richiede molte generazioni e il nostro contributo è utile soltanto se assicurato con un programma di lungo respiro temporale.

Che tristezza e delusione assistere a certi disimpegni decisi con tanta leggerezza, incoscienza, mancanza di realismo e visione politica e tradendo le attese generate con il nostro intervento militare.

EVASIONE FISCALE E PATRIMONIALE

La lotta all'evasione fiscale purtroppo non decolla.

La crisi economica in corso l'ha resa anzi ancora più difficile, avendo provocato nella nostra società tali e tanti stravolgimenti da rimettere in discussione tutti gli studi fatti in precedenza per accertare le possibili entrate delle diverse categorie di operatori che concorrono alla creazione della ricchezza del Paese.

La disoccupazione dilagante, il blocco degli stipendi e delle pensioni e l'incertezza per il domani hanno creato una situazione che favorisce come mai l'evasione fiscale:

- disoccupati che sopravvivono arrotondando con saltuarie prestazioni in nero i vari sussidi di cui usufruiscono;
- attività prima svolte alla luce del sole che oggi sono fornite a domicilio, di chi eroga la prestazione o di chi la riceve, non soltanto per nasconderle al fisco, ma anche perché la contrazione della domanda ha reso impossibile sostenere l'affitto di un locale e costi annessi.

Avendo quindi la crisi reso tante persone più povere, chi è costretto a sostenere una spesa, per la quale spesso non dispone nemmeno del puro importo richiesto, non può certo permettersi di onorare il dovere civico di richiedere la fattura o lo scontrino che comportano il pagamento dell'IVA e l'adempimento di altri obblighi fiscali.

La situazione per il momento è tale che non sussiste altra possibilità per tirar fuori il nostro Paese dalla disastrosa situazione in cui versa che quella di tassare pesantemente i patrimoni e procedere a un prelievo forzoso sui conti correnti.

Il debito pubblico è tale che da un momento all'altro può tornare a generare un costo per gli interessi da pagare ai creditori tale da azzerare le casse dello Stato e impedire qualsiasi azione di sostegno all'economia necessaria a evitare che la situazione peggiori ancor più travolgendo il nostro Paese e minando le speranze di realizzazione del Sogno europeo.

Poiché la lotta all'evasione fiscale per tanto tempo è stata volutamente dimenticata e oggi non c'è il tempo per attendere i frutti dall'implementazione di leggi e pene serie per ottenere risultati tangibili, ci sembra che non resti altra soluzione che colpire i patrimoni che, non di rado, incarnano in maniera inconfutabile i reati commessi a monte per accumularli.

Non essendo riusciti a bloccare i ladri dobbiamo sentirci moralmente autorizzati a riprenderci la refurtiva.

La pensa così l'Italia intera. E questa strada va percorsa senza indugi e pretesti perché non esiste alcun'altra soluzione per il Bene di tutti.

QUALITÀ DEL MANAGEMENT

La vita di un'azienda dovrebbe essere affidata a persone dotate di qualità innate quali l'intelligenza, la scaltrezza, la visione unitamente al senso pratico, nonché risorse fisiche e mentali in misura adeguata alle sfide da affrontare, che cambiano in base al tipo di attività, dimensione del business e al momento storico economico in cui si opera. Qualità che devono esserci in aggiunta alla formazione scolastica, esperienze operative – la cosiddetta gavetta – e la conoscenza di più lingue considerando che il mercato del lavoro e di ogni missione industriale, commerciale o finanziaria è oggi, come mai, il mondo intero.

Purtroppo quando mancano o scarseggiano indispensabili qualità innate non c'è un mercato dove poterle acquistare.

Il coraggio di prendere quotidianamente decisioni vitali per l'azienda può nascere soltanto dal possesso delle qualità prima specificate, nonché dalla professionalità acquisita man mano sul terreno, altrimenti si producono solo rumore, caos e danni incalcolabili.

Il nostro Paese non uscirà dalla palude in cui versa fino a quando le classi dirigenti verranno scelte per calcoli politici, scopi di malaffare e tanti rampolli si riterranno autorizzati a distruggere le aziende ereditate dai loro geniali avi.

In ambito calcistico abbiamo i miliardi e l'intelligenza per comprendere che dobbiamo arruolare i Mourinho per vincere tutte le coppe e non comprendiamo che dovremmo fare lo stesso per altri settori dell'attività umana ancor più importanti per il benessere e la crescita culturale del nostro Paese.

Le fortune del pallone sono sempre affidate a chi ha masticato calcio dalla nascita, per le altre attività umane questo fondamentale presupposto viene quasi sempre ignorato.

Si trascura la specificità del *core business* di un'azienda e si affida la sua vita e quella di migliaia di lavoratori a figure che non hanno alcuna esperienza delle problematiche che dovrebbero invece padroneggiare per battere la concorrenza, per servire al meglio i cittadini, per assolvere insomma con competenza e responsabilità la loro missione.

Eppure queste figure quasi sempre sono presenti in seno a tante imprese o reperibili nel bacino della concorrenza leader del mercato in cui si opera. Ma troppo spesso le scelte sono figlie di interessi e condizionamenti le cui conseguenze nefaste prima o dopo si manifestano e i danni sono sempre enormi per gli azionisti e ancor più per la vita lavorativa delle persone.

Succede anche che i soldi si danno soltanto ai presidenti e agli amministratori delegati mentre ai Pelé, Maradona, Ronaldo e Messi dell'industria e di tante altre attività si danno quattro lire. Se una squadra di calcio perde due partite di seguito si cambia subito l'allenatore e si cerca anche qualche altro campione per rafforzarla mentre se un'impresa va male e si incammina verso il fallimento si fa, il più delle volte, poco o niente per scongiurare l'evento.

Manca poi quasi sempre un piano di emergenza pronto per far fronte a crisi di mercato che quasi sempre arrivano quando nessuno se l'aspetta. Se ad esempio il mercato scende, nel giro di poco tempo, del 20%, di solito non c'è un piano predisposto su come reagire per assorbire il colpo. Il tempo richiesto per preparare detto piano e convincere tutti a metterlo in atto, in primis i sindacati, quasi sempre è troppo rispetto alla velocità con la quale la crisi aggredisce i conti economici dell'impresa e in aggiunta a ciò gli azionisti non mettono quasi mai mano al portafoglio. Il risultato di tutto ciò è che si imbocca, quasi sempre, la via che porta al fallimento.

Il fallimento a volte è lo Stato a evitarlo, perché gli azionisti privati i soldi guadagnati in tempi di vacche grasse preferiscono lasciarli dove li hanno portati, ossia nei paradisi fiscali.

Quando c'è da ridurre i costi è molto difficile ottenere la collaborazione dai vari centri di spesa in cui si articola un'impresa.

Gli amministrativi argomentano che devono fornire i dati puntualmente in quelle determinate scadenze e pertanto non possono ridurre l'organico di una sola unità; chi vende, a sua volta, non può ridurre neppure le scorte e di conseguenza gli oneri finanziari, perché deve avere il prodotto già pronto per la consegna in quanto, come è noto, il cliente, soprattutto in tempo di crisi, compra oggi ma vuole la consegna ieri. Non c'è un centro di servizi che ritenga possibile ridurre in qualche modo i suoi costi operativi e quasi sempre nessuno si rende conto che di fronte a una realtà che non lascia scampo al fallimento ogni misura a ridurre i costi di gestione sarebbe semplicemente un fatto di buonsenso e non una decisione eroica e avventata.

Insomma, il paziente ha il cancro, la morte è certa e il medico non fa niente per scongiurarla.

Siatene certi, quando un'azienda fallisce i lavoratori non hanno colpa alcuna, la responsabilità è sempre dei sindacati, del governo ma ancor più del management che non ha la capacità professionale per comprendere appieno come si evolve la realtà in cui opera e il coraggio di prendere le decisioni giuste al momento giusto e imporle.

MISSIONE INDUSTRIALE

La situazione di oggi è davanti agli occhi di tutti: lo Stato non ha un euro, la maggior parte degli italiani versa in uno stato di povertà e per uscire dalla palude serve, prima di ogni cosa, il lavoro.

Se l'industria non si mette in condizione di sviluppare e produrre nuovi beni che per qualità, contenuto tecnologico e prestigio non sono in competizione con quelli prodotti dai paesi in via di sviluppo, non si potrà evitare la chiusura di così tante fabbriche o spostarle in altri paesi, che è poi quasi la stessa cosa, ingrossando così sempre più l'esercito dei disoccupati.

Cari industriali, non continuate ad attendere miracoli da parte dei politici che sarebbe già tanto se la smettessero, assieme ai sindacati, di rendervi ogni giorno più complicata la vita.

Non ci sono più le risorse per continuare quel gioco del passato secondo il quale le industrie erano vostre quando producevano utili e dello Stato quando generavano perdite.

Avete preso tutto, è tutto nelle vostre mani.

Cari industriali, prendete atto del baratro nel quale siamo precipitati e mettete in atto tutte quelle azioni che oggi in Italia soltanto voi potete realizzare.

I principi, i mecenati, le grandi figure umane dalle quali dipendeva il progresso e la vita dei loro sudditi, oggi siete voi. Considerando che ci vorrà un po' di tempo per organizzarvi e mettere in atto questo *Progetto Salvezza Paese*, vi chiediamo qualcosa che potete fare immediatamente: un piccolo taglio a quegli stipendi che sono quattrocento volte quello di un operaio e rinunciare, anche soltanto per qualche stagione calcistica, a qualche prestigioso e costoso goleador e utilizzare il denaro che ne deriva per fare fronte ai costi relativi a qualche restauro del nostro immenso e prestigioso patrimonio Artistico e concedere qualche borsa di studio a giovani studiosi talentuosi, meritevoli del popolo di Dio, poveri da non poter realizzare i loro sogni.

Vulgus veritatis pessimus interpres.
Il volgo è il peggior interprete della verità.

È meglio perdere un secondo della vita che la vita in un secondo.

IMMONDIZIA E DEGRADO

L'immondizia nelle strade, sulle spiagge, nei giardini è il più immediato ed eloquente indicatore della mancanza totale di senso civico, vale a dire di rispetto reciproco tra i cittadini.

Mentre nelle singole abitazioni regna ordine e pulizia, se si esce di casa e si fa un passo nello spazio di tutti, in troppe zone del nostro Paese ci si imbatte in un porcile creato da individui che palesemente non si ritengono membri della stessa comunità e tenuti quindi al rispetto di quelle regole basilari che una civile convivenza imporrebbe.

Località che esibiscono la bandiera blu senza provare imbarazzo alcuno nel presentarsi invece nella triste desolante e puzzolente realtà di strade, piazze, spiagge, pinete e percorsi panoramici insozzati da ogni genere di rifiuti.

Ti chiedi, senza trovare una risposta, come sia possibile per queste popolazioni non provare alcun istinto di repulsione nel dover vivere in ambienti che impediscono il distacco degli occhi e della mente dal circostante sozzume e degrado per godere delle meraviglie del creato e delle maestose bellezze architettoniche così diffuse in Italia che tutti dovremmo custodire con rigorosa gelosia.

Rimane da sperare che la scuola e le amministrazioni pubbliche prendano atto quanto prima del fatto che non esiste Paese alcuno al mondo che sia riuscito a conseguire altre vitali conquiste sociali, ossia vera democrazia, libertà consolidate, industrializzazione nel rispetto dell'ambiente e della salute, e welfare di Paese civile, senza aver prima vinto la battaglia fatta per ottenere il rispetto della natura, del patrimonio artistico e di tutto ciò che rappresenta il bene comune.

Ogni ulteriore traguardo è precluso senza la conquista di questa pietra miliare e senza un percorso da compiere tutti insieme mano nella mano nel rispetto rigoroso di regole uguali per tutti. Si pensi a quanto lavoro e ricchezza si creerebbe se ogni cittadino, ogni impresa, ogni istituzione proprietaria o responsabile di un immobile, di un palazzo, di un monumento sentisse la responsabilità e l'amore di sottrarlo al degrado, di riportalo in vita, di ridargli splendore o a volte anche soltanto, come si dice, di rinfrescarlo.

E quante risorse si potrebbero risparmiare oggi per eliminare lo scempio arrecato da esseri incivili alla casa comune in cui vorremmo respirare e vivere godendo salute e gioia!!!

I PROVERBI: INSEGNAMENTI GRATUITI
La storia quale maestra di vita

Un condensato di saggezza è la definizione che più mi piace dei proverbi.

Essi sono il mezzo di cui l'umanità si è servita da quando l'uomo ha iniziato a parlare per tramandare, sotto forma di ammonimenti e consigli, di padre in figlio, e così facendo di generazione in generazione, le esperienze fatte nel corso dei secoli che si ritiene utile conoscere per evitare quei comportamenti sperimentati essere dannosi al singolo individuo e alla convivenza umana.

Ma poiché la rivoluzione industriale ha inciso in profondità in primo luogo sulla struttura delle famiglie, che un tempo vedeva vivere sotto lo stesso tetto più generazioni – bisnonni, nonni, padri, figli e nipoti – si sta assistendo a una progressiva scomparsa dei proverbi.

È questa anche una ragione che ha rafforzato il mio proposito di riportarne in questo mio scritto alcuni da me ritenuti delle vere e proprie perle di saggezza.

Invito tutti ad approfondire la conoscenza dei proverbi e a rileggerli di tanto in tanto per non dimenticarli. E vedrete che ogni qualvolta ne avrete ignorato il messaggio, vi capiterà di constatare che ne avete dovuto pagare le conseguenze. Perché buttarsi da un piano alto di un edificio comporta come conseguenza certa rimetterci la vita e questo ammonimento nei proverbi c'è, perché esperienze stupide, stolte e avventate le hanno già fatte milioni e milioni di nostri antenati dal primo giorno di vita e noi possiamo e dobbiamo risparmiarcele.

La Germania, che ha una venerazione per i proverbi, li chiama *SPRICHWORT* che significa "parola che parla".

Sarà mica anche per via dei proverbi che i tedeschi se la cavano così bene anche in tempo di crisi?

Un giorno si è accertato con una buona approssimazione che i primi popoli a fare uso della scrittura sono stati i sumeri.

Da quel momento si comincia a tramandare di generazione in generazione il livello di conoscenze e di civiltà dell'umanità.

Ma ogni ricerca storica mirante a stabilire meriti e colpe dell'umanità in cammino si è sempre scontrata con verità di molteplici fonti.

Se per avvenimenti di tale rilevanza quali la passeggiata di Armostrong sulla luna e l'abbattimento delle torri gemelle da parte di Al Qaeda, che si sono verificati soltanto pochi decenni fa, si sono dette e scritte tante e tali farneticazioni, pensiamo a come è difficile far luce con precisione su avvenimenti di migliaia di secoli addietro.

Poi c'è ancora da considerare che la verità è sempre manipolata in qualche modo dal vincitore. Ciò tuttavia non impedisce la lettura di molteplici fonti per farsi un'idea precisa e obiettiva dei fatti. E questa è la STORIA che ogni essere umano dovrebbe conoscere per evitare il ripetersi di tragedie causate da sete di potere, da interessi di parte, da inettitudine, dal dominio assoluto del libero arbitrio totalmente staccato dall'anima, il dono del Dio di Abramo.

IL DIVORZIO DALL'EURO E LE ACCUSE
PRETESTUOSE E IGNOBILI ALLA GERMANIA

Il divorzio dall'euro è invocato da politici – *piazzisti da quattro soldi* – e loro soci rappresentati, in schiacciante maggioranza, da traditori, rinnegati, e mistificatori che approfittano della totale mancanza di cultura economica-finanziaria del nostro popolo. Ne chiedono la morte additandolo quale unico responsabile di tutte le sciagure e miserie in cui versa il nostro Paese, nonché molti altri paesi dell'eurozona. E ciò, per non dover riconoscere gli errori commessi dalla classe politica, dai sindacati e dai vertici di aziende e imprese.

L'euro è l'oggetto di cui si servono senza ritegno di alcun genere per distrarre, impedire l'esatta messa a fuoco dei problemi e il varo di quelle misure uniche e indispensabili per tirar fuori il nostro Paese dalla palude e contribuire così a facilitare il percorso teso alla realizzazione del Sogno europeo.

In questo assalto all'euro sono coinvolte con molta aggressività e livore le Istituzioni europee così da creare una tale confusione da distoglierle dalla loro missione che invece richiede la massima convinzione e determinazione per essere portata a buon fine.

Quando poi si avvicina la data delle votazioni regionali o nazionali, i partitini e i movimenti politici, per non sparire dalla scena politica, e gli euroscettici, con l'obiettivo di disintegrare l'Europa, recitano i loro canovacci stracolmi di accuse, minacce e soluzioni miracolose dei problemi, il tutto con consapevole malafede con il solo obiettivo di racimolare voti nel bacino elettorale per il quale il canovaccio è stato studiato e da un Paese esasperato e sfiduciato per le nefandezze della classe politica e una crisi che perdura da troppo tempo.

Poi è subito il turno della Merkel, del suo ministro delle finanze Wolfgang Schäuble, in sostanza della Germania. L'accusa, ricorrente e di tutti, consiste nell'additare la Germania quale la nazione responsabile di tutti i mali con cui sono confrontati i paesi PIGS perché: difende il rispetto delle regole, esige il rigore nei bilanci, predica la riduzione dei mostruosi debiti sovrani e si preoccuperebbe esclusivamente di come proteggere e sviluppare sempre più la propria economia. E tutto ciò per conseguire l'obiettivo mancato da Hitler ossia la conquista e l'asservimento dell'Europa.

Queste le castronerie che ripetono a tutte le ore del giorno e della notte ogni qualvolta vien data loro la possibilità di parlare o di essere ascoltati dalla gente. E non finisce qui, perché la Germania, sostengono, è anche cinica e per niente altruista, caritatevole e generosa perché altrimenti chiamerebbe a raccolta i paesi virtuosi per mettere a punto un piano mirato a eliminare i problemi derivanti dai mostruosi debiti sovrani dei paesi PIGS (Portogallo, Irlanda, Italia, Grecia e Spagna) e si porrebbe fine così alle sofferenze di tutti!!!

E tutto, come d'incanto, verrebbe risolto con buona pace di Schäuble e Weidmann (se sopravvivono al colpo di mano) e la Merkel passerebbe alla storia quale grande statista e monumento alla bontà se il popolo tedesco non ne decretasse la sua fine politica in malo modo.

Ma soprattutto, al rogo finalmente le regole europee che non servono a niente come dimostrano questi paesi nel loro ambito nazionale. Perché essi le regole le scrivono, le dibattono e tante vengono anche tradotte in leggi ma nessuno le rispetta. E questo mal costume è talmente diffuso, radicato, stampigliato nel loro DNA che è ignorato perfino dalla magistratura. Lo conferma per l'Italia il fatto che i colpevoli di crimini contro lo Stato e il Bene comune, i truffatori, gli evasori e i collusi con la classe politica, reclusi nelle nostre carceri, sono mosche bianche da potersi contare sulle dita di una mano; pochi sprovveduti, per motivi vari non difendibili e spesso volutamente abbandonati al loro destino per fare tanto rumore quanto necessario a imbrogliare la gente facendole credere che le leggi ci sono, sono uguali per tutti e vengono fatte rispettare con ogni mezzo!!!

Come eravamo felici quando abbiamo abbandonato la lira! E si spiegava così la nostra gioia:

- finiremo di essere un Paese ad alta inflazione-svalutazione;
- i pensionati, in special modo quelli che avranno la fortuna di vivere a lungo, non moriranno più di stenti non trovandosi più a dover vivere con pensioni progressivamente svalutate;
- i dipendenti pubblici, privati, gli operai non dovranno più lottare e scioperare così tanto e così spesso per fare aumentare i loro salari *au fur et à mesure* delle così frequenti e ingenti svalutazioni;
- l'Italia sarà costretta a uscire dal gruppo dei paesi che militano nei campionati di serie inferiori, orgogliosa di poter giocare ad armi pari con i campioni di prima serie e fiera di dimostrare di essere capace di sostenere ogni tipo di competizione!

Vinse allora lo schieramento delle imprese produttrici di servizi e beni ad alta tecnologia, di eccellente qualità, di cui il mondo non può fare a meno oppure perché oggetti di sogno della clientela ricca. Aziende che non temevano l'euro né allora tanto meno oggi.

Non riuscirono invece a far valere le loro argomentazioni le imprese che producevano beni in concorrenza con merci prodotte da paesi in via di sviluppo. Ed è ovvio che i dirigenti di queste imprese rimpiangano la lira, reclamino ancor oggi aiuti di Stato e alimentino il lavoro in nero per contenere la portata dei licenziamenti ed evitare la chiusura o la dislocazione delle attività in paesi con basso costo del lavoro.

Per quanto riguarda il tema della solidarietà richiesta alla Germania non si capisce che cosa realisticamente questo Paese deve fare considerando che:

- il debito pubblico di oltre 2.000 miliardi lo abbiamo creato noi;
- il Nord Italia non vuole aiutare il Sud, la Lega sogna la *Padania*, il Veneto la secessione e ogni altra regione ha sue accuse e richieste;
- pochi ricchi italiani detengono l'intera ricchezza nazionale e per prestarci i nostri soldi, che ci hanno rubato in tanti modi, ci fanno pagare miliardi all'anno di interessi perché, non illudiamoci, l'attuale momento di tassi bassi non durerà a lungo.

Se questi nostri politici fossero veramente convinti che la Germania e i paesi virtuosi possano e debbano sostituirsi a noi per la soluzione dei problemi derivanti dal nostro debito sovrano, vorrebbe dire che essi sono giunti a uno stato demenziale tale da non rendersi conto che le risorse necessarie per evitare il default dell'Italia sono di entità tale da renderne impossibile il reperimento, ove si consideri che fino a oggi si stenta perfino a trovare quelle necessarie a salvare la piccola Grecia.

Il sentimento di solidarietà deve nascere nel cuore degli italiani, soprattutto in quelli ricchi che posseggono ormai tutto, quale dovere morale verso tanti nostri connazionali, per lenire le loro sofferenze ed evitare tante disumane tragedie quotidiane causate da una crisi di cui non si vede la fine e della quale siamo corresponsabili per l'inettitudine dei politici e il becero egoismo dei potenti che potrebbero e dovrebbero agire e non lo fanno.

Sono altre le cose che deve fare la Germania tramite le Istituzioni europee: continuare a imporre il rispetto delle regole a tutti e prima di tutti a se stessa; accelerare la realizzazione del

Sogno europeo; promuovere gli investimenti per opere pubbliche e la cultura in modo da rendere l'Europa un continente di popoli più uniti, più liberi, più uguali in quanto a grado di benessere e civiltà e più fraterni sia tra di loro sia verso i diseredati e gli ultimi del mondo.

Il nostro Paese e gli altri gravati da debiti sovrani devono, senza ulteriori imperdonabili indugi e divagazioni di vario genere, fare ricorso a prelievi sui conti correnti e tassare i grandi patrimoni quale unica soluzione per risolvere i problemi di casa propria, contribuendo così con fatti concreti alla realizzazione della Casa comune europea e conquistando il diritto di partecipare alla guida del nostro continente e delle sorti del mondo.

Infine, si rifletta di quante risorse si potrebbe disporre se anziché ostinarsi a lottare – per sete di potere e mancanza di visione dei problemi del nostro continente e del mondo – per difendere opinabili interessi di casa propria si accelerasse invece – senza remore e imperdonabile ulteriore perdita di tempo in dispute spesso pretestuose e in antitesi agli interessi della patria comune – la realizzazione del Sogno europeo e si trasformassero in istituzioni europee tutte le analoghe realtà presenti oggi in ogni singolo Paese dell'unione.

Desidero terminare con una riflessione in merito alla lotta alla deflazione condotta dal presidente della BCE Mario Draghi.

Non nascondo che mi convinco sempre più che Mario Draghi andrà in pensione senza aver visto coronati i suoi sforzi tesi a portare l'inflazione al 2% del PIL dell'eurozona. E ciò perché essendo l'inflazione figlia della ripresa economica questa non avrà luogo fino a quando così tanti cittadini non avranno un euro da spendere o faticheranno per arrivare alla fine del mese.

D'altro canto le banche, ancora alla ricerca di una soluzione per i *no performing loans,* non presteranno un euro agli sprovveduti che volessero investire e assumere lavoratori senza un minimo di speranza di trovare sui mercati di tanti paesi europei una domanda di beni oggetto dei progetti per i quali chiedono il prestito.

USA: LUCI E OMBRE DI QUESTO GRANDE PAESE
Come è stata affrontata l'ultima crisi economica

In questo capitolo tralascio di occuparmi della creatività degli USA, capace di inventare di continuo interessanti business quali: Microsoft, Apple, Coca-Cola... e della loro straordinaria capacità di fare marketing e produrre ricchezza anche con prodotti di altri paesi come ad esempio l'espresso o la pizza per citarne soltanto qualcuno di casa nostra.

Mi soffermerò invece sulle tante diaboliche invenzioni che causano danno e sofferenze umane al mondo intero. Perché a partire da una certa data, questo grande e nobile Paese del Nuovo Mondo è riuscito a contagiare l'intero nostro pianeta in tutto, nel bene e nel male. Sarà dipeso anche dal fatto che soltanto grazie al suo aiuto è stata scritta la parola fine ad Auschwitz e ridata la libertà a mezzo mondo, ma non vi è alcun dubbio che ancor oggi tante novità, tante mode, tanti stili di vita, nascono negli USA e poi si propagano in Europa e in tante altre parti del mondo. È un percorso che fino a qualche tempo fa faceva la sua prima tappa a Londra per trasferirsi poi in Germania, in Francia e nei paesi dell'Europa centrale e con qualche ritardo, dovuto probabilmente alla presenza delle Alpi, arrivava infine anche da noi.

Noi abbiamo nei confronti degli USA uno stato d'animo di sudditanza tale che ci porta quasi inconsciamente a recepire tutto senza discutere su niente a mo' di *Ipse dixit*.

Le persone della mia generazione ne hanno viste parecchie delle loro diavolerie.

Voglio ricordare qualcuna delle più rilevanti degli ultimi decenni che fanno parte del grande filone della finanza creativa che coinvolge la borsa, i fondi di investimento, i *subprime* e i cosiddetti derivati.

Per un tempo il termine *Internet* è stato oggetto di speculazione in borsa portata a tali parossistiche dimensioni che Tiscali valeva più di un colosso dell'auto. Poi un giorno di colpo i grandi fondi di investimento – alcuni di dimensioni tali da detenere capitali pari all'intero PIL di qualche continente – pongono termine al gioco e milioni di investitori di tutto il mondo rimangono con il cerino in mano registrando ingenti perdite.

E a questa infatuazione per Internet ci sono cascati in tanti. Ricordo un imprenditore italiano dire della sua società, che aveva nella denominazione il termine Internet, che valeva *l'ira di Dio*. E gli azionisti di Tiscali persero la grande opportunità di arricchirsi vendendo anche soltanto una quota azionaria perché, come poi si palesò a gioco ultimato, queste due società persero così tanto da valere una modestissima parte del valore astronomico raggiunto nel corso di detto momento di follia borsistica.

Questi faraonici fondi di investimento hanno ormai messo la politica in uno stato di sudditanza tale che essi si spostano senza remore di alcun genere da un mercato azionario all'altro. E personalmente sono convinto che essi mirano esclusivamente a sfruttare ogni favorevole circostanza per compiere azioni speculative di ogni tipo.

Negli ultimi tempi è stata presa di mira oltre all'Europa anche la Cina.

Considerando che il debito mondiale è ormai pari a circa tre volte il PIL e che la ricchezza mondiale è ormai concentrata in poche migliaia di famiglie non credo si possano nutrire dei dubbi circa il fine ultimo di questi potentissimi enti finanziari.

Poi ci fu il turno dei *subprime* ossia la speculazione immobiliare consistente nella vendita di milioni di immobili a persone senza un reddito, in una condizione tale da non poter far fronte nemmeno al rimborso del capitale ricevuto in prestito per l'acquisto. Il disastro fu ulteriormente ampliato con i derivati della finanza creativa.

I giochi di borsa sono ormai un fatto istituzionale. Un giorno si decide che deve comandare il toro e tutto in borsa procede in maniera imperturbabile. Non c'è cattiva notizia che riesca a far cambiare direzione di marcia fino a quando gli indici non hanno toccato i valori massimi prestabiliti. Un altro giorno si decide che è tempo di orso e qualsiasi notizia positiva per l'economia o di valenza neutra viene ad arte interpretata in maniera negativa. Qualsiasi dato positivo fornito dagli enti di statistica viene ignorato e tutto ciò fino a quando il Dow Jones e il Nasdaq non hanno toccato i valori minimi prestabiliti.

E poiché chi pilota questi giochi sono i colossali fondi di investimento, se hai investito in borsa e non puoi attendere il ritorno del toro non ti rimane che prendere atto dell'entità della perdita derivante dalla vendita dei tuoi titoli.

Con quali mezzi gli USA affrontano la crisi economica non è né un segreto tanto meno una novità. Ormai il debito pubblico degli USA punta verso tre volte il PIL ed essendo il dollaro statunitense la moneta del mondo presente in quantità industriale nelle economie di quasi tutti i paesi, il termine default non viene nemmeno pronunciato nei confronti degli USA. Esso non sfiora in alcun modo l'immaginario collettivo perché sarebbe un evento di una tale assurdità e stupidità da ritenersi a ragione impossibile.

Desidero terminare con una riflessione attinente lo stile di vita degli amici nordamericani. E precisamente se non si renda necessaria un'analisi mirante ad accertare se detto standard di benessere sia sopportabile dal nostro pianeta. E ciò alla luce del fatto che nel processo di globalizzazione in corso non c'è Paese alcuno che non prenda come riferimento nella sua corsa allo sviluppo lo stile di vita degli USA.

Trattasi di una riflessione quanto mai opportuna poiché all'interno degli stessi USA sia per gli effetti di un capitalismo impazzito sia per la mancanza di adeguate politiche sociali si riscontrano sacche di povertà incompatibili con la ricchezza totale disponibile.

L'APPROCCIO DELL'EUROPA ALLA CRISI ECONOMICA IN CORSO

L'Europa è accusata sia dai paesi membri sia da altre potenze economiche di non imitare gli USA per uscire dalla crisi e di distribuire tramite le Istituzioni europee esclusivamente pagelle e richieste di compiti a casa soprattutto ai paesi che devono risanare le loro economie.

E ciò accade perché non si esamina con obiettività le condizioni in cui versa il nostro continente che non consentono in alcun modo di utilizzare, per combattere la crisi, gli strumenti ai quali fanno ricorso non soltanto gli Stati Uniti.

L'Europa non esiste ancora come realtà economica unica e politiche di bilancio troppo tolleranti verso paesi con debiti sovrani elevati creerebbero tensioni tali sui mercati finanziari che colpirebbero la nostra moneta e creerebbero problemi gravi ai nostri sforzi di realizzazione del Sogno europeo.

Per questo motivo condivido le politiche delle Istituzioni europee la cui regia è nelle mani della Germania e di altri paesi virtuosi, che non consentono, in special modo ai paesi PIGS, di incrementare ulteriormente il livello già stratosferico dei loro debiti.

Ritengo pertanto ingenerose, se non in malafede, prive di realismo, di visione e responsabilità politica le pressioni esercitate da più parti sulle Istituzioni europee e vili gli insulti di tanti partitini e movimenti politici rivolti alle Istituzioni europee e alla Germania della Cancelliera Merkel, del suo ministro Schäuble e del Governatore della Bundesbank Weidmann.

IL REFERENDUM DI TSIPRAS
Il mio personale punto di vista

Questa vicenda del referendum indetto dal governo Tsipras, il cui risultato ha visto prevalere il no, ossia il rifiuto da parte del popolo greco delle condizioni poste dai creditori per concedere ulteriori prestiti, merita un'analisi per cercare di comprendere come essa è nata e gli aspetti tragicomici delle estenuanti e interminabili trattative tra i creditori – la cosiddetta Troika – e la delegazione greca capeggiata da Tsipras e Varoufakis.

Delle tante difficoltà che angustiano il popolo greco le principali sono: un'economia debole, priva quindi di un apparato industriale di una qualche importanza; una classe politica molto frammentata in quanto pervasa da ideologie di ogni tipo con prevalenza di quelle sociali-comunistiche, corrotta, irresponsabile e inadatta a delineare e realizzare con determinazione una missione per il proprio Paese nell'ambito delle possibilità offerte dalla globalizzazione; un'amministrazione dello Stato elefantiaca e corrotta nonché una classe imprenditoriale e dirigenziale esperte come nessun altro al mondo a evadere il fisco, a praticare la corruzione e tenere i proventi di queste attività illecite nei tanti paradisi fiscali.

Ancor più di quanto accaduto nel nostro Paese, per decenni i vari governi hanno conquistato il potere drogando lo standard di vita della popolazione con denaro preso in prestito da tutti, banche sia greche sia estere, FMI, BCE e istituzioni finanziarie varie. L'alto tenore di vita costruito artificialmente quasi esclusivamente con la creazione di tanti posti di lavoro superflui nelle varie amministrazioni pubbliche, in aggiunta alla corruzione dilagante e all'evasione fiscale generalizzate per mancanza di controlli e azioni repressive, hanno portato il debito sovrano greco, riferito al PIL del Paese, a un livello persino superiore, e non di poco, a quello di casa nostra, già mostruoso.

Lo sfascio della Grecia è stato causato da tutte le classi dirigenziali, anche se con responsabilità diverse in quanto al danno causato, sia economico che d'immagine.

Lo sfascio è di tale dimensione che ancora oggi lo Stato spende più di quanto incassa, generando così altri debiti verso i creditori oltre a non poter onorare quelli contratti in precedenza. E ciò malgrado tutte le misure prese fino a oggi dai vari governi, che anche in Grecia hanno colpito e messo sul lastrico quasi esclusivamente quelle persone che un tempo vivevano in condizione di vita a costo quasi zero e ciò spiega i tanti suicidi, i drammi atroci e le disumane tragedie di un così alto numero di persone.

I vari creditori, pur avendo ben chiaro che la Grecia non potrà mai onorare i debiti contratti fino a oggi, chiedono, a ragione, che lo Stato greco metta in atto tutte le riforme necessarie per raggiungere almeno il pareggio di bilancio, chiedono cioè che questo Paese, patria culturale dell'Europa, comprenda che non può continuare a spendere più di quanto guadagna esibendo ad altri il conto da pagare.

In questa situazione, di una chiarezza e semplicità uniche, si inseriscono i capipopolo Tsipras e Varoufakis, i loro giochi, le loro furbate nel corso delle trattative, la loro brusca interruzione di esse e il referendum senza senso alcuno.

L'intera vicenda impone due riflessioni:

- la prima consiste nel prendere atto che un intero popolo per colpe e responsabilità da addebitare principalmente alla sua classe dirigenziale si è cacciata in una situazione disperata. E ciò è potuto accadere perché c'è stato il concorso tacito di una gran parte della popolazione, perché in maniera e misura diversa tutti hanno contribuito allo sfascio e in ciò hanno giocato un ruolo determinante il becero egoismo del singolo rivolto esclusivamente al proprio interesse, la mancanza di senso civico, del senso dello Stato e della consapevolezza di dover operare tutti assieme all'edificazione del Bene comune del Paese Grecia;

- l'altra riflessione, amara e triste, obbliga a prendere atto del fatto che un popolo, quando nella sua maggioranza non ha più niente da perdere e da difendere, arriva persino a dimenticare tutte le sue colpe e tutti i suoi insani egoistici comportamenti responsabili della situazione tragica nella quale è precipitato e addossa il tutto, *sic et simpliciter*, ad altri. E l'amnesia delle sue colpe da un lato e l'individuazione di tutti i nemici al di fuori delle sue mura porta il popolo a votare "no" contro i creditori che l'hanno tenuto economicamente in vita fino a quel momento e additati quali strozzini e nemici del popolo.

Vota "no" contro l'euro quale gesto per comunicare il suo odio e disprezzo verso i paesi virtuosi e ciò non deve stupire perché, lo insegna la storia, l'irriconoscenza è la moneta più diffusa al mondo.

Vota "no" con l'assurda pretesa di volere altri prestiti dettandone le condizioni.

Una scelta, il no, del tutto incomprensibile perché irrazionale in quanto la storia insegna che al peggio non c'è mai fine.

Le colpe sono sempre del capopopolo di turno che facendo leva sulla disperazione ed esasperazione del popolo lo porta sull'orlo del baratro.

Questa volta è finita bene per la Grecia perché Tsipras si è convertito sulla via di Damasco.

Ma la storia insegna che purtroppo non finisce sempre così!

La mia analisi non vuole togliere alcuna responsabilità all'asse del male che avendo coinvolto il mondo intero non ha certo risparmiato la Grecia.

Ma se nel 2007, cari amici greci, avevate un reddito pro capite di 25.300 euro e nel 2012 esso è precipitato a 20.000 euro tante colpe sono anche vostre o no?

PERDITA DI CONTATTO CON LA REALTÀ DA PARTE DELLE CLASSI DIRIGENTI DEL NOSTRO PAESE

Da quando è esplosa l'ultima crisi economica ho riflettuto a lungo sull'azione svolta dai governi per comprendere come mai siano state varate misure che hanno colpito in prevalenza chi faticava a far quadrare i conti riducendo di conseguenza il potere d'acquisto di così tante persone e mettendo in difficoltà i bilanci delle imprese produttrici di beni e servizi costrette così a fare esplodere il tasso dei disoccupati, dei sottoccupati e delle attività in nero.

Tra le cause che ho individuato voglio esporne alcune che derivano dall'egoismo dell'essere umano, dalla mancanza di visione politica e dalla perdita totale di contatto con la realtà e quindi mancanza di conoscenza ed esperienza diretta delle difficoltà e dei drammi che le persone vivono. E ciò sia da parte della quasi totalità dei politici sia da parte di non pochi imprenditori e dirigenti del nostro Paese.

Invito a riflettere su che grado di conoscenza e di sensibilità possano avere dei problemi veri della gente capi di governo, grandi manager, industriali, professionisti di grido che studiano in scuole private per classi sociali elitarie, avendo come compagni di studio rampolli di famiglie prestigiose, spesso facoltose, chiamati a sostituire i loro genitori nelle professioni varie e nella conduzione delle imprese che ereditano. Non di rado questi rampolli finiscono con il distruggere le imprese edificate dai loro avi oltre a dissipare le ricchezze ereditate. E ciò in quanto non sono in grado di gestire le imprese con profitto portandole quindi alla decadenza e scomparsa dal mercato.

È questo loro mondo in cui vivono, studiano, frequentano persone del loro stesso rango, che impedisce loro di avere quell'indispensabile contatto e percezione dei problemi veri della gente, nonché della loro dimensione e gravità.

E ciò spiega certi loro comportamenti privi di sensibilità e avversi a qualsiasi cambiamento che la realtà in continuo movimento imporrebbe senza perdita di tempo prezioso in tante sterili dispute, a mo' di Guelfi e Ghibellini, che le nostre classi dirigenti sanno inventare per il proprio tornaconto con insuperabili fantasia e maestria.

Questa per me è la sola chiave di lettura per comprendere e spiegare come mai non c'è alcun politico, alcun industriale, alcun professionista, alcuna casta, alcuna persona facoltosa che riconosca la responsabilità di aver partecipato in qualche modo e misura alla sfascio in cui si trova il nostro Paese e provi un fremito, un palpito, un sussulto di fronte allo spettacolo atroce offerto in ogni luogo dalle disumane condizioni in cui versa una quantità impressionante di persone.

Non si spiegano diversamente tante assurde richieste e proposte che arrivano non soltanto dalla cattiva politica ma anche da molti attori della società civile quali: la flessibilità di bilancio malgrado un debito sovrano mostruoso; la riduzione del carico fiscale nonostante un tasso di evasione fiscale insostenibile, un crimine, questo, non combattuto e punito a dovere ove si consideri che nelle nostre prigioni i delinquenti e nemici del Bene comune sono poche mosche bianche; la follia di ritornare alla lira. Si aggiunga a tutto ciò il livore contro le Istituzioni europee e la regia della Germania alle prese con un'opera complicata ed estenuante quale è l'edificazione della Casa comune europea.

Di solidarietà, della necessità di prelievi forzosi dai conti correnti dei paperoni e paperini e della tassazione dei grandi patrimoni, uniche misure utili a tirare il nostro Paese fuori dalla palude e poter contribuire fattivamente alla realizzazione del Sogno europeo, non ne parla mai nessuno.

IL DEGRADO DELLA POLITICA – *SENATUS MALA BESTIA*

La politica nel nostro Paese ha raggiunto un tale degrado che ormai essa è orientata esclusivamente a esplorare e percorrere qualsiasi strada che consenta di arrivare al potere con una forza parlamentare la più cospicua possibile.

Non c'è possibilità alcuna di far convergere le forze politiche su provvedimenti governativi orientati a far avanzare il nostro Paese verso l'interesse e il Bene dell'intera collettività.

Malgrado la gravità della situazione, si cela al popolo la vera natura dei problemi e i provvedimenti veramente utili per porre termine all'attuale disumana situazione.

Tra le forze parlamentari il M5S, più di ogni altro, lamenta che il Parlamento viene umiliato e offeso, nel senso che non gli viene fatto esercitare il compito istituzionale di dibattere e fare le leggi. Perché secondo i pentastellati, a ragione, ogni iniziativa parlamentare dovrebbe essere discussa nei due rami del Parlamento e con l'apporto di tutti bisognerebbe arrivare a mettere ai voti la migliore legge per il Bene supremo del nostro Paese.

Non so se queste forze politiche conoscano la locuzione latina *Senatores boni viri, Senatus autem mala bestia,* triste realtà anche del nostro Parlamento malgrado secoli di storia e conquiste di diritti civili pagati a caro prezzo.

Perché questa bestia nel corso dei secoli è diventata sempre più cattiva, aggressiva, egoista come mai, quindi totalmente incurante del Bene comune di cui ha smarrito persino il significato del termine.

La vera sacra missione alla quale si dedicano i nostri parlamentari consiste nel recitare all'unisono il canovaccio e se qualche onorevole sbaglia nel senso che si permette di aggiungere qualcosa frutto del suo pensiero, se è impacciato e non sa comunicare con efficacia, viene escluso dalla lista di quelli che possono parlare a nome del partito.

E se il canovaccio non raggiunge gli scopi fissati dopo un certo tempo lo si cambia senza denunciare alcun senso di pudore.

Un esempio? La Lega prima voleva sfasciare l'Italia, oggi questo canovaccio è in stand by e quello nuovo mira a distruggere quel poco che è stato costruito sulla strada del Sogno europeo.

E questi canovacci quasi sempre hanno l'unico obiettivo di screditare tutto ciò che il Governo ha fatto o propone di fare, addossando le colpe dell'attuale disastrosa disumana condizione della gente al governo in carica e con sempre più maggiore frequenza alle Istituzioni europee.

Se si escludono i partiti al governo e qualche altra piccola pattuglia parlamentare, tutti gli altri partiti e movimenti hanno oggi nei loro canovacci l'abbattimento dell'euro e il rifiuto degli emigranti.

Se nel nostro Paese si dovesse verificare un cataclisma tale da creare milioni di senzatetto bisognosi di tutto, sono certo che mostreremmo al mondo intero tutta la nostra capacità e creatività nel gestire al meglio la situazione con sublimi atti di solidarietà sotto l'aspetto sia etico-morale sia d'impegno economico.

Oggi invece succede che siamo terrorizzati dall'arrivo di qualche centinaio di migliaia di emigranti e non riusciamo a trovare il modo di accoglierli e aiutarli in maniera civile e cristiana. E ciò perché dei politici, "piazzisti da quattro soldi" – così li ha definiti giustamente Sua Eccellenza Galantino, segretario della CEI – sia di casa nostra sia di altri paesi europei, non sanno più di quali altre parole insulse e proposte senza alcun senso pratico riempire i loro canovacci.

Moltitudini sterminate di persone che fuggono da guerre, da rivolte e da persecuzioni di governi dispotici e incapaci che detengono il potere con una ferocia che gareggia con quella praticata a suo tempo dal colonialismo più abietto.

E poiché i mezzi di comunicazione, la televisione in primo luogo, hanno trasformato il nostro pianeta in un unico villaggio, agli emigrati aventi diritto d'asilo si aggiungono tanti altri che cercano un futuro migliore in quei paesi che ai loro occhi, a torto o a ragione, appaiono dei veri paradisi in terra, che in ogni caso offrono loro qualche possibilità in più per liberarsi dalla fame, dalle malattie e sperare in una vita migliore.

E contro questi esodi biblici si è impotenti, perché gli individui rivendicano sempre più il diritto di poter rifiutare di dover vivere forzatamente nel luogo ove il destino ha voluto che nascessero, nonché quello di poter emigrare in qualsiasi posto del mondo ove ritengono sussistano le condizioni per una vita che meriti di essere vissuta.

Come se tutti conoscessero, ritenessero saggio e si sentissero moralmente autorizzati a mettere in atto il comandamento della locuzione latina *Patria est ubicumque est Bene.*

Dall'analisi di cui sopra emerge che il governo in carica non ha alcuna alternativa al voto di fiducia per fare approvare le proprie proposte di legge. Perché ogni qualvolta nei due rami del Parlamento si discute un progetto di legge per pervenire alla sua approvazione, succede puntualmente che *la mala bestia* fornisce spettacoli da carnevale con offese di tutti a tutti, con l'unico scopo di sabotare i contenuti del progetto di legge e ritardarne all'infinito l'approvazione.

Ci si trova con troppa frequenza in situazioni di grave danno per le urgenti aspettative del Paese, perché le forze di opposizione e in special modo gli euroscettici e tanti dissidenti finiscono con il paralizzare tutto con argomentazioni spesso senza senso e pretendendo a volte persino di voler legiferare al posto del legittimo governo.

Nei paesi seri, il partito di maggioranza, se non ha i numeri sufficienti a governare da solo oppure preferisce farlo assieme a un'altra forza parlamentare, propone un accordo di governo a un altro partito con una certa consistenza parlamentare e avente una linea politica non in collisione con la propria. Dopo una lunga trattativa, necessaria a concordare con la massima chiarezza punto per punto onde evitare qualsiasi malinteso, si redige il comune programma di governo e si parte.

Per iniziativa di Renzi, anche nel nostro Paese si è voluto tentare questa strada mediante un accordo con Berlusconi che poteva dare stabilità di governo e consentire la giusta e rapida soluzione di quei problemi che ci hanno fatto sprofondare nella palude e nella quale tuttora ci tengono.

Ma in un Paese come il nostro, dedito da sempre a bizantinismi e nel quale quasi sempre prevalgono interessi di parte, la ricerca e la realizzazione del Bene comune sono finite nel cassetto dei sogni e anche questo esperimento è miseramente fallito.

Finiranno con il ripensarci perché non vedo altre alternative a un accordo serio, onesto, con un programma coraggioso votato al Bene del Paese.

Insomma, piaccia o no, i governi in carica, almeno per il momento, per fare le leggi hanno soltanto due alternative: porre la fiducia oppure fare ricorso a maggioranze variabili.

E ciò anche perché con il tempo i *boni viri* sono diventati bestie feroci. Iene affamate.

Senatores boni viri, senatus mala bestia.
I senatori sono delle brave persone, il Senato è la bestia cattiva.

Dat veniam corvis, vexat censura columbas.
La censura (la critica) risparmia i corvi e tormenta le colombe.

CORSA SMODATA AD ARRICCHIRSI

Gli italiani sono considerati delle formiche e ciò non può che riempirci d'orgoglio. Questa nostra propensione al risparmio è confermata anche dai depositi bancari che sono aumentati anche in questo periodo di crisi.

Ma questa virtù non ha niente da spartire con le attività illecite di cui è vittima il nostro Paese e che sono diventate il pane quotidiano di ogni italiano messo in condizione di rubare, di corrompere e di estorcere denaro e favori.

L'operazione *Mani pulite* aveva fatto sperare in un ridimensionamento di dette attività criminali e invece abbiamo dovuto purtroppo assistere a una tale esplosione di questi reati come se mani pulite avesse agito da vento impetuoso per diffondere in ogni meandro della nostra società civile il seme dei crimini scoperti e dibattuti con voluto clamore nell'illusione di generare sentimenti di repulsione, ravvedimento e buoni propositi.

Ogni inchiesta, tutti i controlli dei resoconti di ogni centro di spesa e dei bilanci di società partecipate evidenziano che il nostro Paese è ormai una realtà mafiosa, capillarmente diffusa e con le stesse regole delle varie organizzazioni criminali: mafia, 'ndrangheta, camorra, sacra corona unita ecc. Se necessario si uccide perfino, cosa che le varie mafie tendono di evitare per poter agire senza suscitare clamore.

Ormai in ogni istituzione di interesse pubblico – Stato, regioni, comuni e società partecipate da questi enti – troppi dipendenti non sperano altro, di generazione in generazione, che sostituire il delinquente rimosso o i dirigenti pensionati per poter gioire, essendo arrivato il loro turno, e poter delinquere ancor più e meglio al fine di evitare di essere scoperto.

Ogni momento del giorno, se prendi in mano un giornale o accendi il televisore, le pagine o le ore dedicate a riferire sui misfatti commessi da così tanti criminali sono talmente infinite che sei preso da un tale senso di nausea che passi a interessarti di altro, anche perché non hai ancora smaltito la rabbia di quanto hai letto o ascoltato il giorno prima.

E poiché in ogni inchiesta si accerta che è coinvolta la classe politica, alla rabbia si aggiunge lo sconforto, il dolore che questo Paese, che tu ami come milioni di italiani onesti, per il momento non è in condizione di cambiare perché così vuole chi fa le leggi e chi le interpreta e le applica e lo conferma, senza alcun ombra di dubbio, l'assenza totale nelle nostre prigioni di questi criminali, nemici del bene comune e artefici delle disgrazie e sofferenze disumane del popolo italiano.

Nei comuni, che sono la realtà più vicina alle esigenze dei cittadini e alle miserie dei diseredati, le retribuzioni imposte dalla legge per i sindaci e gli assessori sono talmente ridicole che chi si candida non può che farlo per poter essere eletto ed essere così nella posizione di rubare attraverso la gestione malavitosa dei problemi della collettività.

L'alternativa per il momento consiste nel miracolo di riuscire a formare una giunta *Caritas* o *Onlus*.

Le conseguenze più disastrose di questa assurda legge che regola gli emolumenti sono: l'impossibilità a coinvolgere i giovani nella gestione dei problemi della collettività nonché la mancanza di persone preparate che possano dedicare il loro tempo esclusivamente alla gestione dei problemi che in qualsiasi comune sono numerosi e socialmente rilevanti. E per la soluzione dei quali è pura utopia richiedere l'impegno di persone preparate e oneste senza una giusta remunerazione.

È veramente avvilente, il giorno delle votazioni, soprattutto nei comuni di media dimensione per i quali le retribuzioni previste per la giunta sono praticamente inesistenti, vedere i candidati stazionare davanti alla sede comunale a implorare il voto per essere eletti e messi così in condizione di realizzare in maniera truffaldina i propri progetti che non saprebbero fare in maniera onesta da normali cittadini.

Indice

UN SALUTO DI SOLIDARIETÀ AGLI EMIGRANTI   3

Prefazione   5

PAESI MEMBRI DEL G20   7

IL DIALOGO INTERRELIGIOSO   17

Premessa   21

RENZI FESTEGGIA   23

CONTESTO MONDIALE DELLA GLOBALIZZAZIONE   25

LA SALVEZZA È NELLA PATRIMONIALE   29

UNA RIPRESA NON ADEGUATA AI NOSTRI PROBLEMI   31

IL PIÙ SERIO DEI PROBLEMI: LA NATALITÀ   35

APPELLO ALLE ISTITUZIONI EUROPEE   37

A SILVIO BERLUSCONI, AI SUOI TRANSFUGHI E AI SUOI EREDI POLITICI   41

LA SOLITUDINE DI ISRAELE   47

MIA CARA AMATA AMERICA   49

GUERRE AL TERRORISMO INUTILI SE NON
DIVENTANO CROCIATE CONTRO IGNORANZA
E MISERIA   57

EVASIONE FISCALE E PATRIMONIALE   59

QUALITÀ DEL MANAGEMENT   61

MISSIONE INDUSTRIALE   65

IMMONDIZIA E DEGRADO   67

I PROVERBI: INSEGNAMENTI GRATUITI
La storia quale maestra di vita   69

IL DIVORZIO DALL'EURO E LE ACCUSE
PRETESTUOSE E IGNOBILI ALLA GERMANIA   71

USA: LUCI E OMBRE DI QUESTO GRANDE PAESE
Come è stata affrontata l'ultima crisi economica   77

L'APPROCCIO DELL'EUROPA ALLA CRISI
ECONOMICA IN CORSO   81

IL REFERENDUM DI TSIPRAS
Il mio personale punto di vista   83

PERDITA DI CONTATTO CON LA REALTÀ
DA PARTE DELLE CLASSI DIRIGENTI DEL
NOSTRO PAESE   87

IL DEGRADO DELLA POLITICA – *SENATUS
MALA BESTIA*   89

CORSA SMODATA AD ARRICCHIRSI   93

www.ingramcontent.com/pod-product-compliance
Lightning Source LLC
Chambersburg PA
CBHW060429290526
45791CB00002B/908